CATALOGUE

DE

LIVRES ILLUSTRÉS

DES XVIIIE ET XIXE SIÈCLES

GRAVURES — SUITES DE VIGNETTES
DESSINS

Céramique japonaise, par Audsley. — Catalogues illustrés. — Manuel des toilettes, 1778. — Œuvres de Henri Monnier et Gavarni. — Dessins de Monnet, Grandville, Nanteuil, T. Johannot, etc. — MÉTAMORPHOSES D'OVIDE, 1767-1771. — Livre d'amour par Sainte-Beuve. — Publications de Jouaust, Lemerre, Quantin, sur papiers de choix. — CHANSONS DE LABORDE. Bel exemplaire. — Fables de Dorat. — Collection Cazin. — CONTES DE LA FONTAINE, des Fermiers Généraux. — Recueil des meilleurs contes en vers, 1778. — Nouvelles de Marguerite de Navarre, 1780. — Romans de Voltaire, 1778. — Le Paysan et la Paysanne pervertis, par Restif de la Bretonne. — Mlle de Maupin, par Th. Gautier, édit. originale. — Etc., etc.

PARIS
JULES MARTIN, LIBRAIRE
18, RUE SÉGUIER, 18

1883

PARIS

TYPOGRAPHIE GEORGES CHAMEROT

19, RUE DES SAINTS-PÈRES, 19

CATALOGUE

DE

LIVRES ILLUSTRÉS

DES XVIIIe ET XIXe SIÈCLES

GRAVURES. — SUITES DE VIGNETTES
DESSINS

DONT LA VENTE AURA LIEU

HOTEL DES COMMISSAIRES-PRISEURS, RUE DROUOT, 5

Salle n° 4

Les Mercredi 28 et Jeudi 29 Mars

à deux heures précises

Par le Ministère de Me MAURICE DELESTRE, commissaire-priseur
RUE DROUOT, 27.

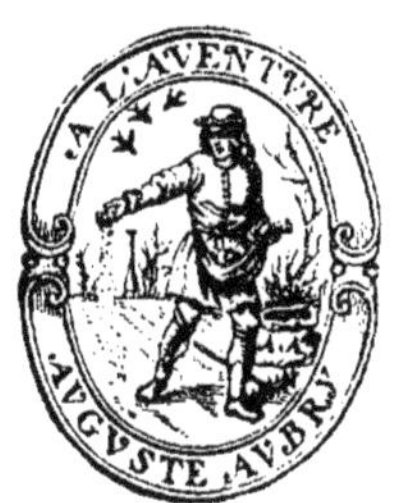

PARIS
JULES MARTIN, LIBRAIRE
18, RUE SÉGUIER, 18

—

1883

ORDRE DES VACATIONS

	Numéros.
Mercredi 28 Mars	1 à 210
Jeudi 29 Mars	211 à 430

Exposition publique, chaque jour de vente
de une heure à deux heures.

CONDITIONS DE LA VENTE

Les livres sont vendus complets et en bon état, sauf indication contraire; ils devront être collationnés sur place et ne seront repris qu'au cas où ils seraient incomplets de feuillets ou de portions de feuillets enlevant du texte.

Les acquéreurs paieront 5 p. 100 en sus des adjudications.

M. J. MARTIN se chargera des commissions des personnes qui ne pourraient assister à la vente.

CATALOGUE

DE

LIVRES ILLUSTRÉS

DES XVIIIe ET XIXe SIÈCLES

SCIENCES ET ARTS

1. De la Sagesse, trois livres, par Pierre Charron. *Genève, (Cazin)*, 1777, 3 vol. in-18, veau mar. fil. tr. dor. *Portrait.*

2. Maximes et Réflexions morales du duc de La Rochefoucauld. *Amsterdam (Cazin)*, 1780, pet. in-12, mar. rou. fil. tr. dor. (*Rel. anc.*).

3. Les Caractères de La Bruyère. *Londres (Cazin)*, 1784, 3 vol. *Portrait.* — Considérations sur les Mœurs de ce siècle, par Duclos. *Londres (Cazin)*, 1784. *Portrait.* Ens. 4 vol. in-18, veau mar. fil. tr. dor.

4. Les Caractères ou les mœurs de ce siècle, par La Bruyère. *Paris, Belin-Leprieur*, 1845, gr. in-8, broché, couverture. *Figures sur chine, de Grandville, Penguilly, et autres.*

   Première édition, rare.

I. — BEAUX-ARTS

5. Les Arts au moyen âge et à l'époque de la Renaissance, par Paul Lacroix. *Paris, Firmin-Didot,* 1869, gr. in-8, br. *Figures noires et en couleurs. Première édition.*

6. Sciences et Lettres au moyen âge et à l'époque de la Renaissance, par Paul Lacroix. *Paris, Firmin-Didot,* 1877, gr. in-8, br. *Figures noires et en couleurs. Première édition.*

7. Deux exemples des cinq ordres de l'architecture antique, et des quatre plus excelens autheurs qui en ont traitté, par Le Blond. *Paris,* 1683, pet. in-4, parch. *Figures.*

8. Le Forum romain et les forums de Jules César, d'Auguste, de Vespasien, de Nerva et de Trajan. État actuel des découvertes et étude restaurée, par F. Dutert. *Paris, Lévy,* 1876, in-fol. dans un portef. *Planches.*

9. L'Artiste. Revue de Paris. Histoire de l'art contemporain, par Houssaye, P. de Saint-Victor, Dumas, Monselet, de Banville, Piedagnel, etc. *Paris,* 2me livr. de mars 1881 au 5 février 1882, 28 livr. gr. in-8. *Figures.*

10. Le Manuel des artistes et des amateurs, ou Dictionnaire historique des emblèmes, allégories, devises, attributs et symboles relativement au costume, aux mœurs, aux usages et aux cérémonies, par de Petity. *Paris,* 1770, 4 vol. — Curiosités de Paris, de Versailles, Marly, Vincennes, Saint-Cloud et des environs, par M. L. R. *Paris,* 1778, 3 vol. *Figures et carte.* Ens. 7 vol. in-12, veau mar.

11. Histoire artistique, industrielle et commerciale de la porcelaine, par Jacquemart et Le Blant. *Paris, Techener,* 1862, in-4, papier vergé, dos et coins mar. bleu, tête dor. 28 *planches à l'eau-forte, par Jules Jacquemart.*
Bel exemplaire.

12. Histoire de la Céramique, par Jacquemart. *Paris,*

Hachette, 1873, gr. in-8, demi-rel. chag. vert, plats toile, avec ornements, tr. dor. *Planches à l'eau-forte et figures, par J. Jacquemart.*

13. La Céramique japonaise, par Audsley et Bowes. Édition française, publiée sous la direction de Racinet, traduction de Louisy. *Paris, Firmin-Didot,* 1877-1880, 7 livr. in-fol. *Planches noires et en couleurs.*

Épuisé.

14. Le Livre d'or du salon de peinture et de sculpture, rédigé par Lafenestre. *Paris, libr. des Bibliophiles*, 1879 et 1880, 2 vol. gr. in-8, br. *Eaux-fortes, par Hédouin, Boilvin, Flameng, Monziès, etc.*

15. Les Pensionnaires du Louvre, par L. Leroy. *Paris,* 1880, in-4, broché. *Dessins de Renouard.*

16. L'Eau-forte en 1879. Trente eaux-fortes originales et inédites, par les artistes les plus distingués. Texte par E. Cardon. *Paris, Cadart,* in-fol. en feuilles dans un carton.

17. Voyage dans un grenier, par Ch. C. (Cousin). *Paris, Morgand et Fatout,* 1878, in-4, demi-rel. perc. n. rog. rel. sur brochure. *Eaux-fortes et planches en couleurs.*

Papier fort du Japon, tiré à 50 exemplaires (N° 27), avec trois épreuves des eaux-fortes.

18. Catalogue de l'Exposition de gravures anciennes et modernes. *Paris, cercle de la librairie,* 1881, in-4 en ff. dans un étui, texte encadré. *Portraits, eaux-fortes et planches en couleurs.*

Tiré à 100 exemplaires (N° 26).

19. Catalogue d'une collection précieuse de dessins, par les plus grands maîtres d'Italie, rédigé par Paillet et Delaroche, an XII. *Prix et noms des acquéreurs.* — Catalogue des dessins du cabinet de M. Debesse, par Paillet, 1785. Ens. 2 vol. pet. in-8 demi-rel. mar. v.

20. Catalogue de tableaux anciens, ayant appartenu à

une grande famille d'Italie, 1863, in-8, demi-rel. chag. vert. *Photographies.*

21. Catalogue de tableaux, dessins, gravures, provenant de la collection de J.-B. Descamps, auteur de la Vie des des peintres, 1868, in-8, demi-rel. mar. La Vall.

22. Tableaux anciens et modernes. Collection de feu le baron C*** (Clary), 1872, gr. in-8, demi-rel. chag. bleu. *Photographies. Prix.*

23. Catalogue des tableaux composant la collection C*** (Carlin), 1872, gr. in-8, demi-rel. chag. bleu. *Photographies. Prix.*

24. Catalogue des tableaux, pastels, dessins, miniatures, terres cuites, formant la collection de feu M. Laperlier, 1879, gr. in-8, br. *Eaux-fortes.*

25. Palais de San Donato, catalogue des objets d'art et d'ameublement, tableaux dont la vente aura lieu à Florence au palais de San Donato. *Paris, Pillet,* 1880, in-fol. cart. perc. blanche, non rog. papier vergé. *Nombreuses figures dans le texte et planches à l'eau-forte.*

26. Catalogue de dessins anciens et modernes, aquarelles et miniatures formant la collection de feu M. Mahérault, 1880, gr. in-8, br. *Reproductions à l'eau-forte.*

27. Catalogue des porcelaines de la Chine et du Japon composant la collection de M. O. du Sartel. 1882, gr. in-8, br. *Figures noires et en couleurs.*

28. Catalogue des objets d'art et de haute curiosité composant la collection de feu Benjamin Fillon. 1882. — Description des ivoires de la ville de Volterra. *Florence,* 1880. — Ens. 2 vol. in-8, br. *Figures.*

29. Catalogue de beaux dessins anciens et modernes dépendant de la collection de M. J. G. (Jean Gigoux). 1882, gr. in-8, br. *Planches.*

30. Almanach des modes, suivi de l'Annuaire des modes.

Paris, Rosa, 1816, in-18, mar. rou. dent. tr. dor. *Figures coloriées.*

31. Manuel des toilettes, dédié aux dames. *Paris, Valade,* 1778, in-18, mar. vert, milieux mosaïque, tr. dor. (*Duru.*) *Titre gravé et figures.*

Rare et charmant recueil orné de 39 figures représentant des coiffures variées. Joli exemplaire non rogné.

32. Perles et parures. Les Joyaux, fantaisie par Gavarni; texte par Méry. Minéralogie des dames, par le comte Fœlix. — Les Parures, fantaisie par Gavarni; texte par Méry. Histoire de la mode, par le comte Fœlix. *Paris, de Gonet, s. d.,* 2 vol. gr. in-8, dos et coins, mar. bleu. *Figures coloriées, avec marges en dentelles.*

Bel exemplaire non rogné, avec les couvertures. Premier tirage.

33. Les Parures, fantaisie par Gavarni; texte par Méry. Histoire de la mode, par le comte Fœlix. — Les Joyaux, fantaisie par Gavarni; texte par Méry. Minéralogie des dames, par le comte Fœlix. *Paris, de Gonet, s. d.,* 2 vol. gr. in-8. *Figures sur chine.*

Bel exemplaire broché avec les couvertures.

34. Les Fleurs animées, par Grandville; Introductions par Alph. Karr, texte par Taxile Delord. *Paris, de Gonet,* 1847, 2 vol. gr. in-8, dos et coins percal. rou. non rognés, couvertures. *Figures coloriées.*

Bel exemplaire de la première édition.

35. Les Fleurs animées par Grandville; Introd. par Alph. Karr, texte par Taxile Delord. *Paris, de Gonet,* 1847, 2 parties en 1 vol. gr. in-8, d.-rel. chag. vert, plats toile, tr. dor. *Figures coloriées.*

Premier tirage.

36. Les Papillons, métamorphoses terrestres des peuples de l'air, par Amédée Varin; texte par Nus et Ant. Méray. *Paris, de Gonet, s. d.* (1854), 2 vol. gr in-8, dos et coins mar. rou. *Figures coloriées.*

Bel exemplaire non rogné, avec les couvertures.

37. Musée ou Magasin comique de Philipon; textes par Bourget, P. Borel, Cham, L. Huart, Marco Saint-Hilaire, Philipon, etc. *Paris, Aubert,* 2 vol. in-4, dos et coins mar. rou. *Dessins par Cham, Daumier, Gavarni, Grandville, Jacque, Lami, Lorentz, Trimolet, Vernier et autres.*

Bel exemplaire non rogné, avec les couvertures.

38. Les Omnibus. Pérégrinations burlesques à travers tous chemins, par Bertall et Léfix. *Paris, Rousset, s. d.,* in-8, broché, couverture. *Vignettes de Bertall.*

39. Paris à table, par E. Briffault. *Paris, Hetzel,* 1846, pet. in-8, cart. percal. *Vignettes par Bertall.*

40. Physiologie du goût de Brillat-Savarin, avec une préface par Ch. Monselet. *Paris, Libr. des Bibliophiles,* 1879, 2 vol. in-12, br. *Eaux-fortes par Lalauze.*

Papier de Chine. Figures avant la lettre.

II. — GRAVURES. — SUITES DE VIGNETTES

41. Recueil de cent sujets de divers genres dessinés et gravés à l'eau-forte par J. Duplessis-Bertaux, représentant toutes sortes d'ouvriers occupés de leurs travaux, scènes de comédie, scènes populaires, mendians, militaires, cavaliers, chevaux à l'abreuvoir, foires, danses de village, etc. *Paris,* 1814, in-4, obl. mar. rou. fil. tr. dor. (*Hardy-Mennil.*)

Bel exemplaire du premier tirage, sur papier vélin.

42. Histoire de l'Enfant prodigue en douze tableaux, tirée du Nouveau Testament. *Paris, impr. de P. Didot l'aîné,* 1816, in-4, d.-rel. *Sujets gravés à l'eau-forte par Duplessis-Bertaux.*

43. Personnages célèbres de la Révolution française. Portraits-médaillons, gravés par Levachez, avec vignettes par Duplessis-Bertaux. 50 pièces in-fol. en feuilles. *Belles épreuves.*

44. Henri Monnier. Estampes coloriées. 55 pièces détachées, in-4.

Les Grisettes. — Londres. — Récréations, etc.

45. Impressions de voyage, par H. Monnier, 6 pièces in-4, coloriées.

46. Récréations, par Henri Monnier. *Impr. d'Aubert,* 6 pièces coloriées in-4.

47. Caricatures, par Garneray, Traviès et Raffet, 3 lithographies in-4.

48. Gavarni. Voir aux annonces pour l'édification des jeunes personnes, lithographie en premier état avant toute lettre, in-4.

49. Gavarni. La Sérénade, lithographie en premier état avant toute lettre, in-4. *Très rare.*

50. Gavarni. Fleurs d'Orient, lithogr. de premier état, sur chine, avant toute lettre, in-4.

51. Brantôme. Vies des dames galantes, suite de 11 figures dessinées par H. Pille, gravées à l'eau-forte par Champollion.

Épreuves avant la lettre sur grand papier du Japon.

52. Molière. Suite de 30 vignettes et 1 portrait gravés d'après Moreau par Simonet, in-8, toutes marges.

2e suite bien complète publiée par A. Renouard en 1814. Premières épreuves.

53. Molière. Suite complète de 18 vignettes et 1 portrait d'après Desenne, in-8, toutes marges.

Épreuves sur chine.

54. Molière. Suite de 34 vignettes gravées à l'eau-forte d'après Boucher par Mongin, Martinez, Le Rat, etc. *Paris, Lemerre,* in-8, papier de Hollande.

55. Trente-quatre eaux-fortes pour les œuvres de Molière dessinées et gravées par Ad. Lalauze. *Édimbourg, Paterson,* 1878, en un portef. in-fol.

Épreuves avant la lettre.

56. Deux gravures à l'eau-forte avant la lettre, par Lalauze, pour *le Malade imaginaire* et *les Femmes savantes* de Molière, in-fol.

57. Boileau. 1 portrait et 6 gravures à l'eau-forte de Monziès et Courtry. *Paris, Lemerre,* 1876, papier de Hollande.

58. Contes de La Fontaine, 1795, 2 vol. Suite des 20 figures de Fragonard, gravées par Simonet, Patas, Dambrun, Lingée, etc., in-4.

Deux planches sont avant la lettre : *la Fiancée du roi de Garbe,* et *le Baiser rendu.*

59. Œuvres de J.-J. Rousseau. Suite complète de 38 figures par Moreau et Le Barbier, gravées par Delaunay, Le Mire, Halbou, etc., in-4 en feuilles.

60. Suite de 8 vignettes par Marillier pour les Contes de Boccace, in-8.

61. Eaux-fortes pour illustrer Gil Blas, dessins de H. Pille, gravés par Monziès. *Paris, Lemerre,* 1878, 16 *planches.*

Épreuves avant la lettre sur papier de Chine.

62. Eaux-fortes pour illustrer Alfred de Musset, dessins de H. Pille, gravés par Monziès. *Paris, Lemerre,* 1878, 4 séries dans des cartons, 42 *planches.*

Épreuves avant la lettre sur papier de Chine.

63. Paul et Virginie. Suite de 7 eaux-fortes, par E. Hédouin, in-18.

Épreuves avant la lettre sur papier de Chine volant gr. in-8.

64. Œuvres de P. de Kock. Dix figures par Raffet, gravées par Dutillois, in-8 et in-4.

Magnifiques épreuves sur chine avant la lettre; trois sont à l'état d'eau-forte non terminée.

65. Œuvres de P. de Kock. 16 figures de Raffet, 10 sur chine avant la lettre et 6 avec la lettre, in-8.

III. — DESSINS

66. Monnet. 6 dessins à la sépia, pour illustrations de livres, in-18.

67. Portrait de Corneille. Beau dessin du XVIIIe siècle, à la sanguine, non signé, in-4.

68. Voltaire assis dans un jardin. Dessin à la mine de plomb fait au XVIIIe siècle, in-8.

69. La Fontaine. Figure de Heath pour la *Laitière et le Pot au lait*. Très rare. — Psyché d'après Gérard. — Couverture illustrée par Grandville pour les Fables. — 3 pièces.

70. Grandville. Dessin à la plume pour les Aventures de J.-P. Chopart. In-18.

71. Grandville. Perroquet et perruche politiques. Dessin à la plume, in-18.

72. Dessin à la plume dans le genre de Grandville représentant deux hommes et une femme à table ; titre : Volaille et Cornichons, in-8.

73. Acteurs et actrices. 4 portraits au crayon de Mmes Dorval, Guillemin, M. Tallien, etc., in-8.

74. Costume breton. Dessin au crayon par Jules Noël. 1844, in-8.

75. Dessin au crayon par Célestin Nanteuil, in-4.

76. C. Roqueplan. Dessin à la plume. Costumes du XVIIe siècle, in-8.

77. Tony Johannot. Dessin à la plume représentant une Sorcière, in-18.

78. Croquis à la plume dessinés par Prosper Mérimée pendant une séance de la Commission des Édifices religieux, 4 avril 1849, une feuille in-4.

79. Croquis militaires, par Ch. Jacque, 4 dessins à la mine de plomb.

80. Ch. Voillemot. Frontispice du *Dictionnaire des Amoureux,* de Jules Noriac, in-4.

Charmant dessin à la mine de plomb rehaussé de blanc, sur papier bleu.

81. Portraits de Blanche de Castille, d'Anne d'Autriche et de Joconde, 3 jolis dessins au crayon, par Mme Victoire Jacotot, in-18.

82. Chasselat. 4 dessins à la sépia pour illustration de livres, in-18.

Paul et Virginie; — Mille et une nuits; — Jeune Fille cueillant des fleurs; — Honni soit qui mal y pense.

83. Dessins. Sujets de l'Histoire des naufrages, 11 vignettes sur 3 feuilles in-4.

BELLES-LETTRES

I. — POÈTES GRECS ET LATINS

84. Œuvres d'Homère, avec des remarques et des réflexions par Bitaubé. *Paris, impr. de Didot l'aîné,* 1787-1788, 12 vol. in-18, veau mar. fil. tr. dor. *Portraits et figures.*

85. Odes d'Anacréon, traduites en vers par de Saint-Victor. *Paris, Nicolle,* 1813, in-12, veau, fil. tr. dor. *Figures de Girodet* et *Bouillon.*

86. Anacréon, Sapho, Bion et Moschus, traduction nou-

velle en prose, suivie de la Veillée des fêtes de Vénus et d'un choix de pièces de différens auteurs, par M. M. C. (Moutonnet-Clairfond). *Paphos et Paris, Le Boucher,* 1773, in-8, veau mar. *Front., vignettes et culs-de-lampe d'Eisen.*

Premier tirage.

87. Idylles de Bion et de Moschus, traduites en français par Gail. *Paris, impr. de Didot jeune,* 1795, in-18, mar. rou. fil. dent. tr. dor. doublé de tabis.

Portrait et 3 figures de Le Barbier en deux états, à l'eau-forte et avant la lettre.

88. Les Amours de Léandre et de Héro, poème de Musée trad. en françois, avec le texte. *Paris, Nyon,* 1784, in-12, v. m. *Vignette de Cochin.*

89. Quinti Horatii Flacci poemata cum annotationibus, J. Bond. *Amstelodami, apud D. Elzevirium,* 1676, in-12, mar. rou. jans. doublé de mar. rou. dent. tr. dor. *Front. gravé.* (*Rel. ancienne.*)

90. Œuvres de Horace, traduction par Leconte de Lisle, avec le texte latin. *Paris, Lemerre,* 1873, 2 vol. pet. in-12, br. *Eau-forte.*

91. **LES MÉTAMORPHOSES D'OVIDE**, en latin et en françois de la traduction de M. l'abbé Banier, avec des explications historiques. *Paris, Delalain et Hochereau,* 1767-1771, 4 vol. in-4, veau fau. *Front. figures* et *vignettes de Boucher, Choffard, Eisen, Gravelot, Monnet, Moreau et autres gravés par Baquoy, Bazan, de Launay, Lemire, de Longueil, Masquelier, Miger, Ponce, Saint-Aubin,* etc.

Bel exemplaire.

92. Les Géorgiques de Virgile, trad. par Delille. *Genève* (*Cazin*), 1777. *Portrait.* — Les Amours pastorales de Daphnis et Chloé. *Londres* (*Cazin*), 1780. *Front.* — Poésies de Sapho. *Londres* (*Cazin*), 1781. *Portrait.* — Odes d'Anacréon, trad. par Gail. *Paris, Didot,* 1794, *fig.,* ens. 4 vol. in-18, veau, fil. tr. dor.

93. Les Géorgiques de Virgile en vers françois, par l'abbé de Lille. *Paris, impr. de Monsieur*, 1789. *Portrait.* Les Jardins, ou l'Art d'embellir les paysages, poème, par l'abbé Delille. *Paris, Valade,* 1782. *Titre gravé et figures,* en 1 vol. in-18, dos et coins veau fau.

94. Les Bucoliques de Virgile, traduction d'André Lefèvre. *Paris, Quantin,* 1881, in-18, papier vélin, texte encadré, br. *Illustré par Leloir.*

Exemplaire sur papier du Japon.

II. — POÈTES FRANÇAIS ET ÉTRANGERS

95. Poésies de Clotilde de Surville, poète français du xve siècle, publ. par Vanderbourg. *Paris, Nepveu,* 1825. — Poésies inédites, publ. par de Roujoux et Nodier. *Paris, Nepveu,* 1826, 2 vol. in-18, mar. rou. fil. comp. n. rog. *Figures de Colin avant la lettre.*

96. Œuvres de Clément Marot, annotées et précédées de la vie de Marot par Ch. d'Héricault. *Paris, Garnier,* 1867, in-8, d.-rel. cuir de Russie, tête dor. non rogné. *Portrait.*

97. Œuvres de Regnier, texte original avec notes, par E. Courbet. *Paris, Lemerre,* 1869, in-16, papier vergé, br. *Front.*

98. Œuvres choisies de Malherbe. *Paris, impr. de P. Didot l'aîné,* 1796, in-12, d.-rel. percal. non rogné.

99. Œuvres de M. Scarron. Nouvelle édition, revue, corrigée et augmentée. *Amsterdam, Wetstein,* 1752, 7 vol. pet. in-12, v. fau. fil. tr. dor. *Portrait et vignettes de Du Bourg gravées par Folkéma.*

Joli exemplaire.

100. Le Cabinet satyrique, ou Recueil parfaict des vers piquans et gaillards de ce temps. Nouvelle édition. *Gand, Duquesne,* 1859, 2 vol. — Complément des édi-

tions publiées aux XVIIe et XVIIIe siècles. *Gand,* 1860, 1 vol. ens. 2 vol. in-8, d. et c. maroq. rou. n. rog. tête dor.

Imprimé à 134 exemplaires. — L'un des sept sur papier vélin.

101. Œuvres de Boileau-Despréaux. *Londres* (*Cazin*), 1780, 2 vol. — Œuvres de Marot. *Genève* (*Cazin*), 1781, 2 vol. Ens. 4 vol. in-18, veau, fil. tr. dor. *Portraits.*

102. Œuvres de La Fontaine, nouvelle édition revue et accompagnée de notes, par Walckenaer. *Paris, Lefèvre,* 1822, 6 vol. in-8, veau rose, fil. *Portrait et figures de Moreau.*

103. Œuvres choisies de madame et de mademoiselle Deshoulières. *Genève* (*Cazin*), 1777, in-18, mar. rou. fil. tr. dor. *Rel. anc. Portrait.*

104. Œuvres choisies de madame et de mademoiselle Deshoulières. *Londres* (*Cazin*), 1780, in-18, mar. rou. fil. tr. dor. *Rel. anc. Portrait.*

105. Œuvres choisies de madame Deshoulières. *Paris, imp. de P. Didot l'aîné,* 1795, in-18, mar. bleu, fil. tr. dor. (*Chambolle-Duru*). *Portrait et jolies figures de Marillier.*

Papier vélin. Figures avant la lettre.

106. Œuvres de Gresset. *Londres, Kelmarneck* (*Cazin*), 1779, 2 vol. in-18, mar. rou. fil. tr. dor. *Rel. anc. Figure de Marillier.*

107. Œuvres choisies de Gresset. *Paris, imp. Didot, l'an deuxième,* in-18, veau fauve, fil. tr. dor. papier vélin. *Figures de Moreau.*

108. Œuvres de Gresset. *Paris, Renouard,* 1811. — Le Parrain magnifique. *Paris, Renouard,* 1810. Ens. 3 vol. in-8 d.-rel. veau fauve, non rognés. *Portrait et figures de Moreau. Belles épreuves.*

109. Œuvres de Rousseau. *Londres* (*Cazin*), 1781, 2 vol. in-18, mar. rou. fil. tr. dor. *Rel. anc. Portrait.*

110. Œuvres complettes de Vadé. *Genève* (*Cazin*), 1777, 4 vol. in-18, veau mar. fil. tr. dor. *Portrait et airs notés.*

111. Œuvres poissardes de J.-J. Vadé et de l'Écluse. *Paris, imp. Didot*, 1796, in-18, mar. rou. fil. tr. dor. *Portrait et 4 figures.*

112. Œuvres de Florian. *Paris, imp. de Didot l'aîné*, 14 vol. in-18, mar. rou., fil. dent. tr. dor. *Figures de Quéverdo et portraits.*

113. Florian. Les six nouvelles. 1786. — Mélanges de poésie et de littérature. 1787. — Estelle, 1788. *Paris, Didot*, 3 vol. in-18, veau, fil. *Figures de Quéverdo.*

114. Œuvres complettes de M. le C. de Bernis. *Londres* (*Cazin*), 1779, 2 vol. *Portrait.* — Bélisaire, par Marmontel. *Londres* (*Cazin*), 1780. *Figures.* — La Dunciade, poëme par Palissot. *Londres* (*Cazin*), 1781. *Portrait.* Ens. 4 vol. in-18, veau mar. fil. tr. dor.

115. Poésies de Dorat. *Genève* (*Cazin*), 1777, 4 vol. *Portrait.* — Les Baisers, suivis du Mois de mai. *Genève*, 1777. *Fig.* Ens. 5 vol. in-18, veau, fil. tr. dor.

116. Poésies de M. le marquis de la Farre. *Londres* (*Cazin*), 1781, in-18, mar. rou. fil. tr. dor. *Rel. anc. Fig.*

117. Œuvres de Chaulieu. *La Haye, Gosse Junior*, 1777 2 vol. *Portrait.* — Œuvres de Colardeau. *Paris, Cazin*, 1793, 3 vol. *Portrait.* Ens. 5 vol. in-18, veau mar. fil. tr. dor.

118. Œuvres de Chaulieu d'après les manuscrits de l'auteur. *La Haye* (*Cazin*), 1777, 2 vol. in-18, mar. vert, fil. tr. dor. *Rel. anc. Portrait.*

119. Œuvres complettes de Gessner. *S. l. n. d.* (*Cazin*), 3 vol. in-18, veau éc. fil. tr. dor. *Titres gravés, portrait et figures de Marillier.*

120. Œuvres complètes de Gesner. *S. l. n. d.* (*Cazin*),

3 vol. in-18, mar. vert, fil. tr. dor. *Titres gravés et figures de Marillier.* (*Rel. anc.*)

121. Œuvres de Salomon Gessner. *Paris, A.-A. Renouard,* an VII, 4 vol. in-8, veau rac. dent. tr. dor. 3 *portraits et* 48 *figures de Moreau.*

Papier vélin. Belles épreuves.

122. Opuscules de M. le ch^er^ de Parny. *Londres* (*Cazin*), 1781, in-12, veau mar. fil. tr. dor. *Titre gravé et* 4 *figures.*

123. Opuscules de Parny. *Paris, Hardouin,* 1784, 2 vol. in-18, veau éc. fil. tr. dor. *Titres gravés et figures par Monnet.*

124. Œuvres de Bernard. *Paris, imp. de P. Didot l'aîné,* 1797, in-4, papier vélin, mar. rou. fil. tr. dor. (*Bozérian*). *Figures de Prudhon.*

125. Œuvres de M. Léonard. *Paris, Prault,* 1787, 2 vol. in-12, veau, fil. *Figures de Coiny, Vivier, etc.*

126. Les Bijoux des neuf sœurs. *Paris, Defer de Maisonneuve,* 1789, 2 vol. pet. in-12, mar. grenat, fil. tr. dor. (*Thivet*). 6 *figures de Lebarbier avant la lettre.*

127. Poésies satiriques du dix-huitième siècle. *Londres,* (*Cazin*), 1782, 2 vol. in-18, veau éc. fil. tr. dor. *Titres gravés de Marillier.*

128. Les Flèches d'Apollon, ou nouveau recueil d'épigrammes anciennes et modernes. *Londres* (*Cazin*), 1787, 2 vol. in-18, veau, éc. fil. tr. dor.

129. Autant en emporte le vent, ou recueil de pièces un peu... un peu... on le verra bien. *A Gaillardopolis,* 1787. — Éloges du pou, de la boue et de la paille, par Mercier de Compiègne. *Paris,* an VII. En 1 vol. in-18, veau éc. fil. tr. dor.

130. Parapilla et autres œuvres libres et galantes de M. B. (Bordes). *Florence* (*Cazin*), 1784, in-18, veau ant. fil. tr. dor. *Figure de Marillier.*

131. Le Voyage de Mantes, ou les vacances de 17... (par de Bonneval). *Amsterdam,* 1753, in-12, mar. rou. jans. tête dor. (*Thivet*). *Titre gravé et figures.*

132. Voyage de Chapelle et Bachaumont, suivi de quelques autres voyages dans le même genre. *Londres* (*Cazin*), 1782, in-18. mar. rou. fil. tr. dor. *Rel. anc. Fig.*

133. Œuvres de Victor Hugo. Collection Hetzel et Lecou. *Paris, Hachette,* 1857, 9 vol. in-18, demi-rel. percal. n. rog.

Les Feuilles d'automne. — Chants du crépuscule. — Voix intérieures. — Rayons et ombres. — Les Orientales. — Odes et ballades. — Le Beau Pécopin. — Le Dernier Jour d'un condamné.

134. L'Année terrible, par Victor Hugo. *Paris, Lévy,* 1874, gr. in-8, broché. *Illustrations de Flameng et Vierge.*

Un des 20 ex. sur papier de Chine (N° 12).

135. La Légende des siècles, nouvelle série, par Victor Hugo. *Paris, Lévy,* 1877, 2 vol. in-8, br. *Première édition.*

136. L'Art d'être grand-père, par Victor Hugo, *Paris, Lévy,* 1877, in-8, br. *Première édition.*

137. Les Quatre Vents de l'esprit, par Victor Hugo. *Paris, Hetzel et Quantin,* 1881, 2 vol. in-8, br. *Première édition.*

138. Livre d'amour (par Sainte-Beuve). *Paris* (*Impr. de Pommeret et Guenot*), 1843, in-12, papier vélin fort. dos et coins, mar. bleu, non rogné.

Livre des plus rares. C'est un recueil de vers adressés en grande partie à la femme d'un de nos plus illustres poètes. L'auteur eut un remords après l'impression du volume et fit détruire tous les exemplaires à l'exception de ceux déjà donnés à des amis.

139. Miettes d'Amour, par F. Belligéra. *Paris,* 1857.

in-12, demi-rel. mar. rou. fil. tête dor. non rogné. *Eau-forte sur chine, de L. Flameng.*

Exemplaire en papier vélin fort, avec la couverture illustrée.

L'auteur de ce volume est Tandou, un jeune libraire, qui s'est suicidé en 1865.

140. Les Villanelles de Joseph Boulmier, avec ses poésies en langage du XVe siècle. *Paris, Liseux*, 1879, pet. in-12, br. papier de Hollande. *Eau-forte de Lalauze.*

L'un des 25 ex. avec 12 épreuves différentes de l'eau-forte. (N° 21).

141. Louisa Siefert. Les Stoïques, 1870. — Les Saintes Colères, 1871. — Comédies romanesques, 1872. *Paris, Lemerre,* 2 vol. et 1 br. in-12.

142. Le Parnasse satyrique du XIXe siècle. Recueil de vers piquants et gaillards. *Rome à l'enseigne des sept péchés capitaux,* 2 vol. — Le Nouveau Parnasse satyrique du XIXe siècle, suivi d'un appendice au Parnasse satyrique. *Eleutheropolis,* 1866, 1 vol. ens. 3 vol. in-8, cart. fant. non rog. *Frontispices sur chine volant.*

III. — POÈMES.

143. L'Enfer de Dante Alighieri, traduction française de Pier-Angelo Fiorentino, accompagnée du texte italien. *Paris, Hachette,* 1861, in-fol. chag. rou. fil. dent. orn. tr. dor. fermoirs. *Illustrations de G. Doré. Premier tirage.*

144. Jérusalem délivrée, poème du Tasse. *Paris, Musier,* 1774, 2 vol. in-8, veau éc. fil. *Frontispices, titres gravés, figures et vignettes, par Gravelot, gravés par Baquoy, Lingée, Ponce, Simonet, etc.*

Papier de Hollande. Belles épreuves des gravures.

145. Jérusalem délivrée, poème du Tasse. *Londres (Cazin),* 1780, 2 vol. in-18, veau mar. fil. tr. dor. *Front. et vignettes.*

146. L'Aminte, pastorale du Tasse, imitée en vers français, par Baour de Lormian. *Paris, Klostermann, s. d.*, in-12, dos et coins mar. rou. tête dor. non rogné. *Titre gravé et figures de Desenne, avant la lettre.*

147. Aminta favola boschereccia di Torquato Tasso. *Parigi, Didot*, 1800, in-12, dos et coins mar. rou. non rogné.

Exemplaire en papier vélin avec la figure de Prudhon, avant la lettre.

148. Adonis, poème par Jean de La Fontaine. *De l'impr. de P. Didot l'aîné, Paris, Bozérian, an II*, in-18, mar. bleu, fil. dent. tr. dor. doublé de tabis rose. (*Bozérian.*)

Exemplaire de Walckenaer et Desbarreaux-Bernard.

149. Adonis, poème par Jean de La Fontaine. *Paris, impr. de P. Didot l'aîné, an II*, in-18, veau gr. fil. tr. dor. *Portrait sur le titre.*

150. Les Amours de Psyché et de Cupidon, avec le poème d'Adonis, par Lafontaine. *Paris, impr. Didot, an troisième*, in-4, papier vélin, dos et coins, chag. rouge, fil. tête dor. non rogné. Portrait et 8 fig. de Moreau.

151. Les Amours de Psyché et de Cupidon, avec le poëme d'Adonis, par La Fontaine. *Paris, Saugrain*, 1797, 2 vol. in-18, papier vélin, d.-rel., mar. rouge, coins, tête dorée, non rognés. 8 *figures par Moreau, gravées par Dambrun, Halbou, Simonet, etc.*

152. Les Amours de Psyché et de Cupidon, précédés du poëme d'Adonis, par La Fontaine. *Paris, Coiny, s. d.* 2 vol. in-18 cart. non rognés. 7 *figures gravées par Coiny, d'après Raphaël.*

153. La Religion et la Grâce, poëmes par M. Racine. *Londres* (*Cazin*), 1785, 2 vol. *Portrait.* — Le Paradis perdu de Milton. *Genève* (*Cazin*), 1777, 3 vol. *Portrait.* Ens. 5 vol. in-18, veau, fil. tr. dor.

154. La Henriade en dix chants. *Londres* (*Cazin*), 1781, in-18, mar. rou. fil. tr. dor. *Rel. anc. Portrait.*

155. La Henriade, poëme par Voltaire. *Paris, de Bure,* 1822, in-18, mar. viol. fil. comp. tr. dor. (*Thouvenin*). *Portraits et figures de Leprince et Desenne sur chine avant lettre.*

156. La Pucelle d'Orléans, poëme héroï-comique en dix-huit chants par Voltaire. *Londres, chez les héritiers des Elzevirs, Blaew et Vascosan,* 1773, in-18, mar. rou. fil. tr. dor. *Rel. anc. Front.*

157. La Pucelle d'Orléans (par Voltaire). *Londres* (*Cazin*), 1780, 2 vol. in-18, veau éc., fil. tr. dor. *Front. et vignettes par Duplessis-Bertaux.*

158. Zélis au bain, poëme en quatre chants (par le marq. de Pezay). *Genève, s. d.* (1763), in-8, mar. bleu, fil. dos orné, tr. dor. (*Chambolle-Duru*).

4 figures et 8 vignettes par Eisen, gravées par Lemire et de Longueil.

Bel exemplaire en grand papier. La figure du chant 3e est avant les noms des artistes.

159. Les Baisers, précédés du Mois de mai (par Dorat). *A La Haye et Paris, Delalain,* 1770, in-8, mar. rou. tr. dor. *Figure et 46 vignettes ou culs-de-lampe, par Eisen et Marillier, gravées par Aliamet, Delaunay, de Longueil, Masquelier, etc.*

160. Les Graces (par Meunier de Querlon). *A Paris, chez Prault,* 1769, in-8, bas. marb. Titre gravé par Moreau, frontispice par Boucher, et 5 figures par Moreau gravées par de Launay, de Longueil, Massard et Simonet. *Grand papier.*

161. Les Quatre Parties du jour, poëme traduit de l'allemand de Zacharie, *Paris,* 1781, in-8, dos et coins mar. brun, tête dor. *Figures et vignettes d'Eisen, gravées par Baquoy.*

162. Le Jugement de Paris, poëme en IV chants par

M. Imbert. *Amsterdam,* 1772, in-8, dos et coins, mar. rou. tête dor. *Raccom. Titre gravé et 4 figures par Moreau et 4 vignettes par Choffard.*

163. Les Saisons, poëme de Thompson. *S. l. n. d.* (*Cazin*), in-18, v. mar. tr. dor. *Titre gravé et 4 vignettes.*

164. Les Saisons, poëme trad. de l'anglais de Thompson. *Paris, Patris,* 1795, in-18, papier vélin, mar. rouge, fil. tr. dor. *Figures de Binet avant la lettre.*

165. La Neuvaine de Cythère par Marmontel, avec notice par Ch. Monselet. *Paris, Barraud,* 1879, gr. in-8 broché. *Portrait et vignettes dessinées par Fesquet.*

Papier de Chine (n° 29).

166. La Mort d'Abel, par Gessner. *Paris, Renouard,* 1802, in-18, veau rac. fil. tr. dor. *Portrait et figures de Moreau, dont une avant la lettre.*

167. La Déclamation théâtrale, poëme didactique. *Paris, Delalain,* 1771, pet. in-8, dos et coins, mar. vert, fil. tête dor. *Front. et figures d'Eisen.*

168. Hymne au soleil, par l'abbé de Reyrac. *Amsterdam,* 1781. *Portrait.* — Les Jardins, ou l'Art d'embellir les paysages, poëme par l'abbé Delille. *Paris, Valade,* 1782. *Titre gravé et figure de Cochin.* — Les Nuits d'Young, trad. par M. Le Tourneur. *Londres* (*Cazin*), 1787, 3 vol. *Fig.* — Les Chefs-d'œuvre de Pope. *Londres* (*Cazin*), 1788. *Portrait.* — Idylles et poëmes champêtres, par Léonard. *A Gnyde, s. d.* (*Cazin*). *Titre gravé.* Ens. 7 vol. in-18, veau fil. tr. dor.

169. L'Homme des champs, ou les Géorgiques françoises, par Jacques Delille. *Strasbourg, imp. Levrault,* 1800, in-12 *papier vélin,* mar. rou. fil. dent. tr. dor. (*Bozérian*). *Figures de Guérin.*

170. L'Homme des champs, ou les Géorgiques françoises, par J. Delille. *Strasbourg, Levrault,* 1800, in-18, v. fau. fil. tr. dor. *Vignettes de Guérin.*

171. Les Jardins, poëme par Jacques Delille. *Paris, Levrault*, 1801, in-12 papier vélin, mar. rou. fil. dent. tr. dor. (*Bozérian*). *Figures de Monsiau.*

172. Herman et Dorothée, poëme de Goëthe traduit par Bitaubé. *Paris,* 1800, in-18, bas. rac. fil. tr. dor. *Figure.*

173. Le Mérite des Femmes et autres poésies, par Legouvé. *Paris, Renouard,* 1813, in-18, pap. vélin, mar. rou. dent. tr. dor. 4 *Figures par Moreau et Desenne dont une avant la lettre.*

174. Napoléon en Égypte, Waterloo et le Fils de l'Homme, par Barthélemy et Méry. *Paris, Bourdin, s. d.* gr. in-8 d.-rel. *Figures sur chine et vignettes par H. Vernet et Bellangé.*

175. Les Vierges de Lesbos, poëme antique par Méry. *Paris,* 1858, in-4 br. *Dessins par Hamon photogr., par Bertsch et Arnaud.*

Tiré à 300 exemplaires.

IV. — CHANSONS

176. Le Musée des chansons et des poésies légères anciennes et contemporaines, publ. par Gabriel de Gonet. 10 livraisons in-4 dans un carton. *Vignettes et airs notés.*

177. CHOIX DE CHANSONS mises en musique par M. de La Borde, premier valet de chambre ordinaire du Roi, gouverneur du Louvre ; ornées d'estampes par J.-M. Moreau, dédiées à Madame la Dauphine. *A Paris, chez de Lormel,* 1773, 4 vol. gr. in-8, titre gravé, 4 front. et 100 figures par Moreau, Le Bouteux et Lebarbier, gravés par Moreau, Masquelier, Née, etc., mar. rou. comp. tr. dor. (*David.*)

Très bel exemplaire avec le portrait de La Borde, gravé par Masquelier d'après Denon.

178. Les A-propos de société, ou Chansons de M. L... (Laujon), 1776, 2 vol. — Les A-propos de la Folie, ou Chansons grotesques, grivoises et annonces de parade. 1776. — Ens. 3 vol. pet. in-8, dos et coins mar. rou. fil. tête dor. *Titres gravés, figures et vignettes de Moreau.*

179. Étrennes du sentiment de l'amour et de l'amitié (chansons). *Paris, Desnos,* pet. in-12, mar. rou. fil. tr. dor. *Texte et frontisp. gravé et 12 jolies vignettes.*

180. Romances de Berquin, suivies de Pygmalion, scène lyrique. *Paris, Dufour,* 1801, in-12, d.-rel. *Figures de Borel avant la lettre.*

181. Idylles, Romances et autres Poésies de Berquin. *Paris, Renouard,* 1803, in-18 cart. non. rog. 29 *jolies vignettes de Borel.*

On y a joint la suite des 28 figures de Marillier dont 14 avant les numéros.

182. La Tentation de saint Antoine. — Pour le Jour de Saint-Pierre. -- Le Pot-pourri de Loth. *Londres (Cazin),* 1782, in-18, veau mar. fil. tr. dor. 18 *jolies vignettes.*

183. Cantiques et pots-pourris. *Londres (Cazin),* 1789, 6 parties en 1 vol. in-18, veau mar. fil. tr. dor. *Front. et 6 jolies figures de Borel gravées par Eluin.*

184. Œuvres complètes de Béranger, contenant les dix chansons nouvelles. *Paris, Perrotin,* 1850, in-18, mar. viol. fil. tête dor. non rogné. (*Quinet.*)

Un des huit exemplaires sur papier de Hollande (n° 7). Hommage de l'imprimeur à M. Jules Janin.

185. Les Goguettes du bon vieux temps, ou Recueil de chansons joyeuses. *Paphos, Paris,* 1810. — La Gaudriole, ou Faites retirer les demoiselles. *Paris,* 1816, ens. 2 vol. in-18, demi-rel. v. fau. *Figures.*

186. Chansons de Gustave Nadaud. *Paris, Libr. des Bibliophiles,* 1879, 3 vol. in-12, br. *Eaux-fortes par Ed. Morin.*

187. Les Étincelles, recueil de chants patriotiques et guerriers, de chansons de tables et d'amour, par E. de Pradel. *Paris*, 1822, in-18, d.-rel. chag. rou. non rog. *Fig. et musique.*

V. — FABLES

188. Aucassin et Nicolette, chantefable du XIIe siècle traduite par Bida. Révision du texte original et préface par G. Paris. *Paris, Hachette*, 1878, in-8, br. *Figures à l'eau-forte.*

Papier de Chine.

189. Fables choisies mises en vers par de La Fontaine. *Genève* (*Cazin*), 1777, 2 vol. — Contes et nouvelles en vers, par de La Fontaine. *La Haye, Gosse junior*, 1778, 2 vol. Ens. 4 vol. in-18, veau fau. fil. tr. dor. *Portrait.*

190. Fables choisies mises en vers par de La Fontaine. *Londres* (*Cazin*), 1780, 2 vol. *Front.* — Les Amours de Psyché et de Cupidon, par de La Fontaine. *Londres* (*Cazin*), 1782. *Fig. de Marillier.* Ens. 3 vol. in-18, veau mar. fil. tr. dor.

191. Fables de la Fontaine. *Paris, impr. de Didot l'aîné*, 1781, 2 vol. in-18, mar. bleu, tr. dor. (*Petit.*)

Collection du comte d'Artois.

192. Fables de la Fontaine, avec notes. *Paris, Crapelet*, 1830, 2 vol. in-18, papier vélin, mar. rou. fil. comp. tr. dor. (*Capé*). *Vignettes sur bois dans le texte.*

193. Fables de la Fontaine, précédées d'une notice historique par le baron Walckenaer *Paris*, 1846, gr. in-8, br. couverture. *Illustr. par J. David, T. Johannot, V. Adam, F. Grenier et Schaal.*

194. Fables et contes, par M. de La Fontaine, avec notice et notes par Pauly. *Paris, Lemerre*, 1868, 4 vol. in-16, papier vergé. br. *Front. gravé.*

195. Fables nouvelles (par Dorat). *A La Haye et Paris, chez Delalain,* 1773, 2 vol. in-8, mar. rou. tr. dor. 2 *frontisp.* 1 *figure,* 1 *fleuron,* 99 *vignettes et* 99 *culs-de-lampe par Marillier, gravés par de Longueil, Ponce, Baquoy, de Ghendt, etc.*

Belles épreuves.

196. Les Métamorphoses du jour, ou la Fontaine en 1831, par Eug. Desmares. *Paris, Delaunay,* 1831, 2 vol. in-8, dos et coins, mar. vert, non rog. reliés sur brochure. *Vignettes de H. Monnier.*

197. Fables de S. Lavalette. *Paris, Hetzel,* 1847, gr. in-8, broché. *Eaux-fortes par Grandville. Envoi d'auteur.*

VI. — CONTES EN VERS.

198. Contes et nouvelles en vers, par de La Fontaine. *Amsterdam* (*Paris*), 1762, 2 vol. in-8, mar. rouge, fil. tr. dor. *Vignettes, fleurons, portraits et figures d'Eisen.*

Édition des Fermiers généraux.

Cet exemplaire contient en plus douze figures rejetées pour la Servante justifiée, la Gageure des trois commères, le Calendrier des vieillards, A Femme avare. On ne s'avise jamais de tout, la Clochette, Sœur Jeanne, le Cas de conscience, le Diable de Papefiguière, les Lunettes, le Tableau, le Remède.

199. Contes et nouvelles en vers, par J. de La Fontaine. *A Londres* (*Paris, Cazin*), 1780, 2 vol. in-18, mar. jaune, fil. dos orné, tr. dor. (*Chambolle-Duru*).

Édition rare ornée de 24 charmantes figures de Desrais.
Bel exemplaire.

200. Contes et nouvelles de La Fontaine. *Paris, Bourdin, s. d.,* gr. in-8, dos et coins percal. rou. *Illustr. de T. Johannot, Devéria, Boulanger, Français, etc.*

Premier tirage. Exemplaire non rogné.

201. Recueil des meilleurs contes en vers (par La Fontaine, Voltaire, Vergier, Grécourt, Piron, Dorat, etc.)

A Londres (*Paris*, *Cazin*), 1778, 4 vol. in-18, mar. rou. fil. dos orné, tr. dor. (*Thivet.*)

Portrait et 116 vignettes attribuées à Duplessis-Bertaux.

202. Œuvres de Vergier. *Londres* (*Cazin*), 1780, 3 vol. in-18, veau éc. fil. tr. dor. *Portrait.*

203. Œuvres diverses de M. de Grécourt. *Londres* (*Cazin*), 1780, 4 vol. in-18, veau mar. fil. tr. dor. *Figures.*

204. Œuvres choisies de Grécourt. *Paris, Paulin,* 1833, in-8, d.-rel. v. ant. non rogné. *Figures au trait.*

205. Œuvres choisies d'Alexis Piron. *Londres* (*Cazin*), 1782, 3 vol. in-18, veau ant. fil.

206. Contes en vers imités du Moyen de parvenir, par Autreau, Doraï, Grécourt, La Fontaine, Plancher de Valcour, Regnier, Vergier, etc., avec les imitations de M. le comte de Chevigné et celles d'Épiphane Sidredoulx. *Paris, Willem,* 1874, in-8, dans un portef. *Vignettes.*

Exemplaire sur papier de Chine avec double épreuve des vignettes tirées à part à la sanguine.

207. L'Hôpital des fous, traduit de l'anglois (de Walsh, par de La Flotte). *Paris, Séb. Jorry,* 1775. *Figure et vignettes d'Eisen.* — Les Dévirgineurs et Combabus (par Dorat). *Amsterdam,* 1765. *Figures d'Eisen.* En 1 vol. in-8, veau mar.

208. Les Plaisirs de l'Amour, ou Recueil de contes, histoires et poëmes galans. *Chez Apollon, au Mont-Parnasse* (*Cazin*), 1782, 3 vol. in-16, veau éc. fil. tr. dor. *Front. et* 16 *jolies figures.*

209. Le Bijou de Société, ou l'Amusement des grâces. *A Paphos, l'an des plaisirs, s. d.*, 2 vol. in-18, mar. vert, fil. tr. dor. (*Hardy*).

Contes galants en vers ornés de 101 figures attribuées à Desrais. Le texte est gravé.

210. Les Contes rémois, par de Chevigné. Douzième édi-

tion, précédée de la Muse champenoise, par L. Lacour. *Paris, Libr. des Bibliophiles,* 1877, in-12, br. *Dessins de Worms gravés à l'eau-forte par Rajon.*

VII. — THÉATRE

211. Chefs-d'œuvre dramatiques de P. et T. Corneille. *Londres* (*Cazin*), 1783, 5 vol. in-18, veau mar. fil. tr. dor. *Portraits.*

212. Œuvres de Molière. *Londres* (*Cazin*), 1784, 7 vol. in-18, veau mar. fil. tr. dor. *Portrait.*

213. Molière, sa femme et sa fille, par Arsène Houssaye. *Paris, Dentu,* 1880, in-fol. broché. *Nombreuses gravures par A. Houssaye, Hanriot, Guilmet,* etc.

Exemplaire au cachet de Molière, sur papier de Hollande au lys.

214. Œuvres de Jean Racine. *Londres* (*Cazin*), 1782-1788, 3 vol. in-18, mar. rou. fil. tr. dor. *Rel. anc. Portrait.*

215. Théâtre de Regnard. *Londres* (*Cazin*), 1784, 4 vol. in-18, veau fau. fil. tr. dor. *Portrait.*

216. Œuvres de Crébillon. *Londres* (*Cazin*), 1785, 3 vol. in-18, veau mar. fil. tr. dor. *Portrait.*

217. Œuvres de Crébillon. *Paris, Renouard,* 1818, 2 vol. in-8, d.-rel. veau vert. *Portrait et figures de Moreau.*

218. Les Fausses Envies, parade inédite de Th.-S. Gueullette (1740), précédée d'une Préface par Ch. Gueullette. *Paris, Libr. des Bibliophiles,* 1878, in-12, br. *Eau-forte.*

219. Arlequin-Pluton, comédie inédite en trois actes, par Gueullette (1719), précédée d'une Préface par Ch. Gueullette. *Paris, Libr. des Bibliophiles,* 1879, in-12 br. *Eau-forte de Lalauze.*

220. Cornélie Vestale, tragédie (par Fuselier et le pré-

sident Hénault). *Strawberry-Hill (impr. par Kirgate)*, 1768, in-8, mar. brun, doublé de tabis bleu, fil. dent. non rogné.

Édition imprimée chez Horace Walpole. Il n'en a été tiré que 200 exemplaires dont 100 ont été mis dans le commerce.

221. Pygmalion, scène lyrique, de J.-J. Rousseau, mise en vers par Berquin. *Paris*, 1775. *Titre gravé et vignettes de Moreau*. — Idylle, par Berquin. *S. l. n. d. Vignettes de Marillier*. — En 1 vol. in-8, dos et coins mar. rou. fil. tr. dor. *Texte gravé par Droüet.*

222. Les Après-Soupés de la société. Petit théâtre lyrique et moral sur les aventures du jour (par de Sauvigny). *Paris*, 1783, 23 parties en 6 vol. in-18, veau éc. fil. *Titres gravés, figures d'Eisen et Martinet et musique.*

223. Théâtre de Beaumarchais, avec Notice et notes par Beauquier. *Paris, Lemerre*, 1871, 2 vol. in-16, papier vergé, br. *Portrait.*

224. La Folle Journée, ou le Mariage de Figaro, comédie en cinq actes, en prose, par M. de Beaumarchais. *Paris, Ruault*, 1785, in-8, mar. rou. fil. tête dor. non rogné.

Édition originale contenant les deux suites de figures par Saint-Quentin, l'une gravée par Malapeau et Roi, l'autre par Halbou, Liénard et Lingée.

On a ajouté à cet exemplaire deux lettres autographes; l'une de Beaumarchais, l'autre signée des acteurs Grand-Ménil, Talma, Monvel, etc., adressée à Beaumarchais et relative au *Mariage de Figaro*.

225. Les Souvenirs et les regrets du vieil amateur dramatique, ou Lettres d'un oncle à son neveu sur l'ancien théâtre français. *Paris*, 1829, in-12, veau viol. fil. tr. dor. *Figures coloriées.*

Papier fort.
Première édition, très rare.

226. Deburau. Histoire du théâtre à quatre sous (par J. Janin). *Paris, Gosselin*, 1832, 2 vol. in-12, d.-rel. bas. fau. *Portraits et titres gravés sur bois.*

227. Les Buses-Graves, trilogie à grand spectacle, par Tortu-Goth. *Paris, Rousset, s. d.*, br. in-8. *Vignettes de Bertall.*

Parodie des Burgraves de Victor Hugo.

228. Toquémalade, parodie méli-mélo-drame-à-tics, par Os-trop-Goth. *Paris, chez un marchand et pour les amateurs de romantiques*, in-8, br. *Vignettes.*

Tiré à 70 exemplaires n° 50.

229. Le Monologue moderne, par Coquelin cadet. *Paris, Ollendorff*, 1881, in-12, br. illustr. de L. Loir.

Papier de Chine, tiré à 15 exemplaires.

VIII. — ROMANS FRANÇAIS

230. Tableaux de la fable, ou Nouvelle Histoire poétique des dieux, demi-dieux, etc., avec le texte explicatif de Sylvain Maréchal. *Paris*, 1787-1788, 9 vol. in-18, veau mar. fil. tr. dor. 73 *jolies figures imprimées en couleurs.*

231. Lettres et épîtres amoureuses d'Héloïse et d'Abeilard. *Londres (Cazin)*, 1780, 2 vol. 4 *portraits dont 2 ajoutés.* — Lettres de Ninon de Lenclos au marquis de Sévigné. *Londres (Cazin)*, 1782, 2 vol. *Portrait*, ens. 4 vol. in-18, veau mar. fil. tr. dor.

232. Les Dix dizaines des Cent Nouvelles nouvelles, avec notice, notes et glossaire, par Paul Lacroix. *Paris, Libr. des Bibliophiles*, 1874, 10 vol. in-12, br. *Dessins gravés de Jules Garnier.*

233. Contes et nouvelles de Marguerite de Valois, reine de Navarre, mis en beau langage accommodé au goût de ce temps. *Amsterdam, G. Gallet*, 1700, 2 vol. in-12, veau viol. fil. tr. dor. *Front. et* 76 *figures à mi-page, de R. de Hooghe.*

234. Les Nouvelles de Marguerite, reine de Navarre.

Berne, chez la Nouvelle Société typographique, 1780-1781, 3 vol. in-8, mar. rouge, fil. M couronnés aux angles et au dos des vol. tr. dor. (*Brany.*)

Belles épreuves des figures et vignettes de Freudenberg, gravées par Halbou, de Launay, de Longueil, etc.

235. Les Sept Journées de la reine de Navarre, suivies de la huitième. Notice et notes, par Paul Lacroix. Index et glossaire. *Paris, Libr. des Bibliophiles*, 1872, 8 vol. in-12, br. *Eaux-fortes par Flameng.*

236. Les Aventures du baron de Fœneste, par Th. Agrippa d'Aubigné. Nouvelle édition annotée par P. Mérimée. *Paris, Jannet,* 1855, in-12, mar. rou. jans. dent. int. tr. dor.

237. Alosie, ou les Amours de Mme de M. T. P.; avec une notice sur Corneille Blessebois, par Marc de Montifaud. *Paris,* 1876, pet. in-8, d.-rel. m. rou. n. rog.

Papier de Hollande n° 55.

238. Le Zombi du Grand Pérou, par P. Corneille Blessebois, précédé d'une notice sur les harems noirs aux colonies par Marc de Montifaud. *Bruxelles, Lacroix, s. d.*, in-12, pap. de Hollande, d.-rel. mar. rou. non rogné.

239. Le Lion d'Angelie, par P. Corneille Blessebois, précédé d'une notice par Marc de Montifaud. *Bruxelles, Lacroix, s. d.*, in-12, papier de Hollande, d.-rel. mar. rou. non rogné.

240. Roman comique de Scarron. *Londres* (*Cazin*), 1785, 3 vol. in-18, veau mar. fil. tr. dor. *Portrait et figures.*

241. Les Amours de Messaline cy-devant reine de l'isle d'Albion. (Éléonore d'Este, femme de Jacques II, reine d'Angleterre), par une personne de qualité, confidente de Messaline. *Cologne, Pierre Marteau,* 1689, in-12, mar. rou. fil. tr. dor. (*Duru.*)

Exemplaire de Béhague.

242. Le Roman comique de Scarron, avec préface par

P. Bourget. *Paris, Libr. des Bibliophiles,* 1880, 3 vol. in-12, br. *Eaux-fortes par L. Flameng.*

Exemplaire sur papier de Chine avec épreuves des gravures avant la lettre.

243. Les Aventures de Télémaque, fils d'Ulysse. *Paris, Crapelet,* 1795, 4 vol. in-18, mar. rouge, dent. tr. dor. (*Reliure ancienne.*)

Portrait et 24 jolies figures de Lefebvre gravées par Dambrun, Coiny, Delvaux, etc.

244. Les Aventures de Télémaque, fils d'Ulysse, par Fénelon, édition stéréotype. *Paris, imp. de P. Didot l'aîné, an VII,* 2 tom. en 1 vol. in-18, mar. bleu, jans. tr. dor. (*Hardy.*) *Papier vélin. Portrait et figures de Lefebvre.*

245. Aventures de Télémaque, par Fénelon. *Paris, Lecou,* 1853, 2 vol. in-8, dos et coins mar. vert, fil. tête dor. non rognés. *Vignettes.*

Bel exemplaire auquel on a ajouté la suite des figures de Moreau, avec la lettre et celle de Coiny *avant la lettre.*

246. Les Contes de Ch. Perrault, précédés d'une préface, par P. L. Jacob, et suivis de la dissertation sur les contes de fées, par le baron Walckenaer. *Paris, Libr. des Bibliophiles,* 1876, 2 vol. in-12, br. *Eaux-fortes par Lalauze.*

Papier de Chine. Figures avant la lettre.

247. Histoire de Gil Blas de Santillane, par Le Sage, précédée d'une préface, par Reynald. *Paris, Libr. des Bibliophiles,* 1879, 4 vol. in-12, br. *Eaux-fortes par de Los Rios.*

Papier de Chine. Figures avant la lettre.

248. Le Diable boiteux augmenté des béquilles du Diable boiteux, par Le Sage. *Paris, stéréot. d'Herhan,* 1805, 2 vol. in-12, d.-rel. mar. rou. tête dor. non rognés. *Figures.*

249. Le Diable boiteux, par Le Sage, avec une préface,

par Reynald. *Paris, Libr. des Bibliophiles*, 1880, 2 vol. in-12, br. *Eaux-fortes par Lalauze.*

Papier de Chine. Figures avant la lettre.

250. ROMANS et contes de Voltaire. *A Bouillon, aux dépens de la Société typographique,* 1778, 3 vol. in-8, veau marb. fil. tr. dor. 13 *vignettes par Monnet et* 57 *figures par Marillier, Martini, Monnet et Moreau.*

251. Romans de Voltaire, préface par A. Houssaye. *Paris, Libr. des Bibliophiles,* 1878, 5 vol. in-12, br. *Eaux-fortes, par Laguillermie.*

252. Le Temple de Gnide, suivi d'Arsace et Isménie, par Montesquieu. *Paris, imp. P. Didot l'aîné,* 1796, in-12, veau fau. fil. tr. dor. (*Petit*).

Papier vélin. Figures de Regnault et Lebarbier, gravées par Duplessis-Bertaux.

253. Le Temple de Gnide, par Montesquieu, suivi d'Arsace et Isménie. Préface, par Uzanne. *Rouen, Lemonnyer,* 1881, gr. in-8, br. *Figures d'Eisen et de Lebarbier.*

254. Mémoires du comte de Grammont, par Hamilton. *Londres* (*Cazin*), 1781, 2 vol. — Lettres persanes, par M. de Montesquieu. *Londres* (*Cazin*), 1784. — 2 vol. *Portrait.* — Ens. 4 vol. in-18, veau mar. fil. tr. dor.

255. Mémoires du comte de Grammont, par Hamilton. *Paris, imp. P. Didot l'aîné,* 1815, 3 tomes en 1 vol. in-16, mar. vert, fil. comp. tr. dor. (*Thivet*). *Papier vélin.*

256. La Vie de Marianne, ou les Aventures de madame la comtesse de ***, par M. de Marivaux. *Londres* (*Cazin*), 1782, 4 vol. in-18, veau éc. fil. tr. dor. *Figures.*

257. Histoire de Manon Lescaut et du chevalier Des Grieux, par l'abbé Prévost. *Paris, P. Didot l'aîné,* 1797, 2 vol. in-18, v. marbr. tr. dor. *Figures de Lefebvre, gravées par Coiny.*

258. Histoire de Manon Lescaut et du chevalier des Grieux, par l'abbé Prévost. Notice par J. Janin. *Paris, Bourdin, s. d.* (1839), gr. in-8, d.-rel. chag. viol. tête dor. non rogné. *Figures de Tony Johannot* (*Premier tirage*).

259. Histoire de Manon Lescaut et du chevalier des Grieux, précédée d'une Étude par A. Houssaye. *Paris, Libr. des Bibliophiles,* 1874, 2 vol. in-12, reliés en vélin, non rognés. *Eaux-fortes par Hédouin.*

260. Histoire de Manon Lescaut et du chevalier des Grieux, précédée d'une préface par Al. Dumas. *Paris, Glady,* 1875, gr. in-8, br.

Papier Van Gelder avec la suite des eaux-fortes de Flameng avant la lettre. On a ajouté la suite des eaux-fortes d'Hédouin et plusieurs vignettes de Marillier et de Desenne sur chine.

261. Les Bijoux indiscrets (par Diderot). *Au Monomotapa, s. d.* (*Paris, Cazin*), 2 vol. in-18, veau éc. fil. tr. dor. *Front. et* 6 *figures.*

262. Contes moraux, par Marmontel. *Londres,* 1780 3 vol. in-18, veau mar. fil. tr. dor. *Titres gravés, portrait et figures.*

263. Julie, ou la Nouvelle Héloïse, par J.-J. Rousseau. *Paris, Barbier,* 1845, 2 vol. gr. in-8, demi-rel. chag. rou. *Figures sur chine. Vignettes par Tony Johannot, Wattier, Rogier, etc.*

264. Émile, ou de l'Éducation, par J.-J. Rousseau. *Londres,* 1780, 4 vol. in-18, v. éc. fil. tr. dor. *Figures de Moreau.*

265. Les Confessions de J.-J. Rousseau, avec une préface par Marc-Monnier. *Paris, Libr. des Bibliophiles,* 1881, 4 vol. in-12, br. *Eaux-fortes par Hédouin.*

Papier de Chine. Figures avant la lettre.

266. Œuvres choisies de Mme de Graffigny. *Londres* (*Cazin*), 1783, 2 vol. in-18, veau mar. fil. tr. dor. *Portrait.*

267. Lettre d'une Péruvienne, par Mme de Graffigny. *Paris, P. Didot l'aîné*, 1797, 2 vol. in-18, v. marbr. tr. dor. *Portrait et 8 jolies figures de Lefebvre, gravées par Coiny.*

Papier vélin.

268. Opuscules de divers genres, par madame la comtesse de Rochefort, depuis duchesse de Nivernois. *Paris, impr. de Didot l'aîné*, 1784, in-18, mar. rou. fil. tr. dor. (*Thouvenin.*)

Ex-libris Desbarreaux-Bernard.

269. Les Amours de Mirtil. *A Constantinople*, 1761, in-8, mar. rou. fil. tr. dor. (*Thivet.*) *Titre gravé et 6 figures de Gravelot, gravées par Legrand.*

270. Bergeries, par M. Maréchal. *Paris*, 1770, in-12, mar. vert, fil. tr. dor. (*Capé.*)

271. Mémoires de mademoiselle de Bontemps, ou de la comtesse de Marlou, rédigés par Gueullette. *Londres* (*Cazin*), 1781, 2 vol. in-18, veau mar. fil. tr. dor.

272. Histoire de mademoiselle Cronel, dite Frétillon, actrice de la comédie de Rouen, écrite par elle-même. *Londres* (*Cazin*), 1782, 2 vol. in-18, mar. rou. fil. tr. dor. *Rel. anc.*

273. Voyage de Paris à Saint-Cloud par mer et par terre, par L.-B. Néel (de Rouen), suivi du Retour, par A.-M. Lottin. *Rouen, Augé*, 1878, in-8, dans un portef. *Texte encadré et eaux-fortes par Adeline.*

Tiré à 255 exemplaires.

274. Les Égaremens du cœur et de l'esprit, ou Mémoires de M. de Meilcour (par Crébillon fils). *Londres* (*Cazin*), 1782, 2 vol. in-18, mar. rou. fil. tr. dor. *Rel. anc.*

275. Le Cousin de Mahomet (par Fromaget). *Constantinople* (*Cazin*), 1781, 2 vol. in-18, veau éc. fil. tr. dor. *Figures.*

276. Le Fond du sac, ou Restant des babioles de M. X. (Nogaret). *Venise, Pantalon-Phébus* (*Cazin*), 1780, 2 vol.

in-18, veau éc. fil. tr. dor. *Front. et 9 jolies vignettes par Duplessis-Bertaux.*

277. Bibliothèque amusante. *Londres et Pékin* (*Cazin*), 1781-1782, 9 vol. in-18, veau mar. fil. tr. dor.

Angola. — Le Sopha. — Imirce. — Tanzaï et Neadarné. — Grigri.

278. Les Liaisons dangereuses, par C. de L. (Choderlos de Laclos). *Londres,* 1796, 2 vol. in-8, d.-rel. m. rou. *Frontispices et figures de Monnet, Mlle Gérard, gravés par Baquoy, Duplessis-Bertaux, Lemire, Masquelier, Patas,* etc.

279. Vie du chevalier de Faublas, par Louvet de Couvray. *Londres* (*Cazin*), 1791. 7 vol. in-18, veau, tr. dor.

280. Aventures de Roderik Random. *Reims, Cazin,* 1784, 4 vol. — Olinde (par le marquis de Luchet). *Londres* (*Cazin*), 1784, 2 tom. en 1 vol. — Ens. 5 vol. in-18, veau mar. fil. tr. dor.

281. Les Étrennes de la Saint-Jean (par le comte de Maurepas, de Caylus et autres). *Troyes, Ve Oudot,* 1751, in-12, v. gr.

282. La Religieuse, par Diderot. *Paris, an VII,* 2 tom. en 1 vol. in-8, dos et coins, mar. bleu, non rog. tête dor. *Portrait et figures de Lebarbier.*

283. Romans et contes de M. l'abbé de Voisenon. *Paris, Bleuet,* 1798, 2 vol. in-18, v. tr. dor. *Portrait et 4 figures par Queverdo.* Papier vélin.

284. Le Paysan perverti, ou les Dangers de la Ville, par Rétif de la Bretonne. *La Haie,* 1776, 8 part. en 4 vol. — Les Dangers de la ville, où l'Histoire effrayante et morale d'Ursule, dite la paysane pervertie. *La Haie,* 1784, 8 part. en 4 vol. — Les Figures du paysan et de la paysanne. 1 vol. Ens. 8 vol. in-12, mar. vert, fil. tr. dor. et *l'explication des figures,* dos et coins, mar. vert, fil. tr. dor. (*Thivet*). 120 *figures de Binet.*

Bel exemplaire.

285. Tableaux de la vie, ou les Mœurs du dix-huitième siècle (par Rétif de La Bretonne). *Neuwied sur le Rhin et à Strasbourg, chez Treuttel, s. d.*, 2 tomes en 1 vol. in-18, mar. rouge, fil. (*Chambolle-Duru*).

17 figures, réductions des grandes estampes de Moreau et Freudenberg pour le monument du costume. Bel exemplaire.

286. Joseph, par Bitaubé. *Paris, Didot l'aîné*, 1797, 2 vol. in-18, mar. r. tr. dor. rel. anc. 9 *figures par Marillier. Papier vélin.*

287. Ollivier, poème, par Cazotte. *Paris, P. Didot l'aîné*, 1798, 2 vol. in-18, mar. vert, fil. tr. dor. (*Raparlier*).

12 jolies figures par Lefebvre, gravées par Godefroy.

288. Primerose, par M..el de V..dé (Morel de Vindé.) *Paris, imp. de P. Didot l'aîné*, 1797, in-18, mar. bleu, fil. tr. dor. (*Thivet*). *Papier vélin. Figures de Lefebvre gravées par Godefroy.*

289. Zélomir, par Morel (Vindé). *Paris, imp. de P. Didot l'aîné*, 1801, in-12, mar. vert, fil. tr. dor. (*Chambolle-Duru*).

6 figures par Lefebvre, gravées par Godefroy.

Exemplaire en grand papier vélin avec les figures avant la lettre.

290. Histoire du Petit Jehan de Saintré et de la Dame des Belles-Cousines, par M. de Tressan. *Paris, imp. de Didot jeune*, 1791, in-18, mar. bleu, fil. tr. dor. (*Marius-Michel*).

Papier vélin, avec les quatre figures de Moreau, avant la lettre.

291. Histoire de Gérard de Nevers et de la Belle Euriant, par Tressan. *Paris, Impr. de Didot jeune*, 1792, in-18, mar. vert, fil. tr. dor. (*Anscelin*).

4 figures par Moreau. Papier vélin.

292. Histoire de Huon de Bordeaux, par Tressan. *Paris, Déterville, impr. de Didot jeune, an VII*, in-18, v. fauve, dent. tr. dor. *Vignettes de Chailliou. Papier vélin.*

293. Histoire de Tristan de Leonois et de la reine Yseult,

par Tressan. *Paris, Deterville, impr. de Didot jeune, an VII*, 2 tomes en 1 vol. in-16, v. ant. fil. tr. dor. *Figures.*

294. La Nouvelle Sapho, ou Histoire de la secte anandryne, publiée par la c. R. (citoyenne Raucourt.) *Paris, imp. P.-F. Didot*, 1793, in-18, mar. vert, fil. tr. dor. 6 *figures.*

295. Mademoiselle de Clermont, par Mme de Genlis. *Paris, Maradan*, 1813, in-18, mar. vert, dent. tr. dor. Papier vélin. *Vignettes de Desenne.*

296. Voyage autour de ma chambre suivi de l'Expédition nocturne, par X. de Maistre. Préface par J. Claretie. *Paris, libr. des bibliophiles*, 1877, in-12, br. *Eaux-fortes par Hédouin.*

Papier de Chine. Figures avant la lettre.

297. Paul et Virginie, par Bernardin de Saint-Pierre. *Paris, de l'imprimerie de Monsieur*, 1789, petit in-18, papier vergé, 4 *vignettes de Moreau et J. Vernet.*

Exemplaire en feuilles non pliées.

298. Paul et Virginie, par Bernardin de Saint-Pierre. *Paris, Impr. de Monsieur*, 1789, in-18, mar. bleu, fil. tr. dor. (*Thivet*).

4 figures de Moreau et J. Vernet.

299. Paul et Virginie, par Bernardin de Saint-Pierre. *Paris, Havard*, 1845, petit in-8, demi-rel. chagr. vert, non rogné. *Vignettes par Bertall.*

300. Paul et Virginie, par Bernardin de Saint-Pierre, précédé d'une étude sur les origines de Paul et Virginie, par Cambray. *Paris, Libr. des Bibliophiles*, 1878, in-12, br. *Eaux-fortes de Laguillermie.*

Papier de Chine. Figures avant la lettre.

301. Paul et Virginie, par Bernardin de Saint-Pierre, avec introduction par A. Piedagnel. *Paris, Liseux*, 1879, in-12, br. *Eaux-fortes par Lalauze.*

Un des 15 exemplaires sur papier de Chine, avec quatre épreuves des figures en noir et en couleur.

302. La Chaumière indienne, par Bernardin de Saint-Pierre. *Paris, Didot,* 1791, in-18, papier vélin, veau gr. fil. tr. dor.

303. Atala, ou les Amours de deux sauvages, suivi de Réné, par F.-A. de Chateaubriand. *Paris, Libr. des Bibliophiles,* 1877, in-12, br. *Vignettes.*

Papier de Chine.

304. Notre-Dame de Paris, par Victor Hugo. *Paris, Renduel,* 1836, in-8, veau, orn. à froid, tr. dor. 11 *figures sur chine de Boulanger, A. et T. Johannot, Raffet, Rogier et Rouargue.*

Première édition illustrée.

305. Les Misérables, par Victor Hugo. *Paris, Hetzel et Lacroix,* 1865, gr. in-8, broché. *Dessins par Brion.*

Première édition illustrée.

306. Une Grossesse, par Jules Lacroix. *Paris, E. Renduel,* 1833, in-8 demi-rel. v. r. *Vignette de Gigoux, sur chine.*

Envoi d'auteur à M. le baron Taylor.

307. Mademoiselle de Maupin. Double Amour, par Théophile Gautier, auteur des Jeunes-France. *Paris, Eugène Renduel,* 1835, 2 vol. in-8, mar. bleu, fil. dos orné, tr. dor. (*Chambolle-Duru*).

Édition originale, très rare.

308. Le Capitaine Fracasse, par Th. Gautier. *Paris, Charpentier,* 1866, gr. in-8, demi-rel. mar. r. tête dorée non rogné. *Illustrations de G. Doré.*

Bel exemplaire de premier tirage.

309. Fragoletta, par H. de Latouche. Naples et Paris en 1799. *Paris, Delloye,* 1840. 2 vol. in-12, cart. non rog. *Figures de Th. Fragonard.*

310. Une Vieille Maîtresse, par J. Barbey d'Aurevilly. *Paris, Cadot,* 1851, 3 vol. in-8, cart. percal. non rognés.

Édition originale.

311. L'Ensorcelée, par J. Barbey d'Aurevilly. *Paris, Cadot*, 1855, 2 vol. in-8, cart. percal. non rognés, couvertures.

Édition originale.

312. Voyage où il vous plaira, par T. Johannot, A. de Musset et P.-J. Stahl. *Paris, Hetzel*, 1843, in-4, d.-rel. mar. gren. tête dor. n. rog. *Figures de T. Johannot.*

313. Parodie du Juif errant, par Philipon et Huart. *Bruxelles,* 1845, in-8, cart. percal. non rogné, couverture. *Vignettes par Cham.*

314. Trésor des fèves et fleur des pois. — Le Génie bonhomme. — Histoire du chien de Brisquet, par Ch. Nodier. *Paris, Hetzel*, 1844, pet. in-8, cart. tr. dor. *Vignettes par Tony Johannot.*

315. La Bouillie de la comtesse Berthe, par Al. Dumas. *Paris, Hetzel,* 1845, pet. in-8, dos et coins mar. rou. *Vignettes par Bertall.*

316. Histoire d'un casse-noisette, par Al. Dumas. *Paris, Hetzel,* 1845, 2 vol. pet. in-8, cart. percal. *Illustr. par Bertall.*

317. Les Mystères du collège, par d'Albanès. *Paris, Havard,* 1845, pet. in-8, d.-rel. veau. *Vignettes par Eustache-Lorsay.*

318. Vie de Polichinelle et ses nombreuses aventures, par Oct. Feuillet. *Paris, Hetzel,* 1846, pet. in-8, cart. percal. bleue, tr. dor. *Vignettes par Bertall.*

319. Les Nains célèbres depuis l'antiquité jusques et y compris Tom Pouce, par d'Albanès et Fath. *Paris, Havard, s. d.*, pet. in-8, d.-rel. non rogné. *Illustr. par Ed. de Beaumont.*

320. Aventures merveilleuses et touchantes du prince Chènevis et de sa jeune sœur, par Léon Gozlan. *Paris, Hetzel,* 1846, pet. in-8, cart. tr. dor. *Vignettes par Bertall.*

321. Histoire du véritable Gribouille, par George Sand. *Paris, Blanchard,* 1851, pet. in-8, cart. toile, tr. dor. *Vignettes par Maurice Sand.*

322. Histoire d'un pion, par Alph. Karr. *Paris, Blanchard*, 1854, pet. in-8, broché. *Vignettes par Gérard Séguin.*

323. Le Prince Coqueluche, son histoire intéressante et celle de son compagnon Moustafa, par Ed. Ourliac. *Paris, Hetzel,* 1855, pet. in-8, cart. percal. non rogné. *Vignettes par Lacoste.*

324. Grandeur et décadence d'une serinette, par Champfleury. *Paris*, 1857, pet. in-8, br. *Illustré par Desbrosses.*

325. Galerie d'originaux, par H. Monnier. *Paris, Lévy,* 1850, in-18, br.

326. Galerie d'originaux, par H. Monnier. *Paris,* 1858. — Les Bourgeois aux champs, par H. Monnier, 2e édition. *Paris, Lévy et Hetzel,* 2 vol. in-18, d.-rel. veau rou.

327. Physiologie du bourgeois, texte et dessins, par H. Monnier. *Paris*, *Aubert*, *s. d.* — Comédies bourgeoises, 1857. — Galerie d'originaux, 1858. — Les Bourgeois aux champs, 1858, ens. 4 vol. in-18, broché.

328. Le Chemin des écoliers, par Saintine. *Paris, Hachette*, 1841, gr. in-8, br. *Vignettes de G. Doré,* etc. (*Premier tirage.*)

329. Histoire de France tintamarresque depuis les temps les plus reculés jusqu'à nos jours, par Touchatout. *Paris,* 1872, gr. in-8, d.-rel. veau vert. *Illustr. par Lafosse.*

330. L'Assommoir, par Émile Zola. *Paris, Charpentier,* 1877, in-12, br. *Première édition.*

Papier de Hollande.

331. Nana, par Émile Zola. *Paris, Charpentier*, 1880, in-12, br. *Première édition.*

Papier de Hollande.

332. Serge Panine, par G. Ohnet. *Paris,* 1881, in-12, br. *Première édition.*

333. Les Tribunaux comiques, par J. Moineaux. *Paris,* 1881, in-12, br. *Front. et vignettes.*

IX. — ROMANS ÉTRANGERS

334. Les Amours pastorales de Daphnis et de Chloé, trad. du grec de Longus, par J. Amyot. *Paris, Renouard,* 1803, pet. in-18, mar. bleu, fil. tr. dor. (*Thivet.*)

Exemplaire auquel on a ajouté 21 figures par Prudhon, Binet, Marillier, Boilvin et autres.

335. Les Pastorales de Longus, ou Daphnis et Chloé, traduction complète, par P.-L. Courier. *Paris, Didot,* 1813, in-8, br.

Exemplaire en papier vélin auquel on a ajouté 40 gravures d'après Moreau, Prudhon, Gérard, Monsiau, Eisen, toutes avant la lettre.

336. Les Dix Journées de Jean Boccace, traduction de Le Maçon, avec notice, notes et glossaire, par Paul Lacroix. *Paris, Libr. des Bibliophiles,* 1873, 10 vol. in-12, br. *Eaux-fortes par Flameng.*

337. Nouvelles galantes et critiques, par B... (Domenicho Batacchi, de Livourne), traduites de l'italien par un académicien des Arcades de Rome (Louis Louet de Chaumont, avocat). *Paris,* 1803, 4 vol. in-18, mar. rou. fil. tr. dor. (*Hardy.*) *Figures.*

338. Histoire de donna Olimpia Maldachini, traduite de l'italien de l'abbé Gualdi. *Leyde, J. du Val,* 1666, pet. in-12, veau, mar. fil.

Aux armes de la marquise de Pompadour.

339. Le Congrès de Cythère, trad. de l'italien d'Algarotti (par Maciet). *Paris, Onfroy,* 1782, in-18, v. fau. fil. tr. dor. papier de Holl. *Vignette de Queverdo.*

340. L'Ingénieux Chevalier Don Quichotte de la Manche, par Miguel de Cervantes Saavedra. *Tours, Mame*, 1848, 2 vol. in-8, brochés, couvertures. *Illustr. de Grandville.*

Très rare.

341. Nouvelles de Michel de Cervantès Saavedra, nouvelle édition augm. de trois nouvelles. *Amsterdam*, 1768, 2 vol. in-12, d. et c. mar. bleu. *Portrait et figures de Folkema.*

342. Galatée, pastorale imitée de Cervantes, par Florian. *Paris, an IX*, in-18, mar. orange, fil. tr. dor. (*Thivet.*) *Figures par Flouest.*

343. La Légende et les aventures héroïques, joyeuses et glorieuses d'Ulenspiegel et de Lamme Gœdzak au pays de Flandres et ailleurs, par Ch. de Coster. *Paris, Lacroix*, 1869, in-4, d. et c. m. rou. non rogné. *Illustré de* 32 *eaux-fortes.*

344. Passions du jeune Werther (de Gœthe). *Paris, Cazin*, 1786. *Fig.* — Les Confessions de J.-J. Rousseau. *Londres* (*Cazin*), 1782, 2 vol. *Portrait.* Ens. 4 vol. in-18, veau éc. fil. tr. dor.

345. Les Souffrances du jeune Werther, par Gœthe, traduites par le comte Henri de La B... (Bédoyère). *Paris, imp. de Crapelet,* 1845, in-8, mar. bleu, fil. dos orné, dent. int. tr. dor. (*Chambolle-Duru.*)

Exemplaire sur papier de Hollande, contenant 33 gravures ajoutées :

2 vignettes de Queverdo.

2 vignettes de Chodowieçki.

La suite de 10 gravures à l'eau-forte, par T. Johannot, avant la lettre.

La suite de 4 gravures par Burdet d'après Johannot, avant la lettre sur chine et avec la lettre.

La suite de 4 gravures d'après Duplessis-Bertaux.

La suite de 3 gravures de Moreau, avec et avant la lettre.

346. Contes fantastiques de Hoffmann, traduction nouvelle précédée de souvenirs intimes sur la vie de l'au-

teur, par P. Christian. *Paris, Lavigne,* 1843, gr. in-8, d.-rel. v. *Illust. par Gavarni.*

347. Lettres d'une femme du quatorzième siècle, traduites de l'allemand de Stetten. *Amsterdam et Paris, Nyon,* 1788, in-18, mar. bleu, jans. tr. dor. *Papier vélin. Front. et 9 jolies figures.*

348. Contes brabançons, par C. de Coster. *Paris, Lévy,* 1861, in-8, broché. *Figures par de Groux, Rops, etc.*

349. La Vie et les aventures surprenantes de Robinson Crusoë (par Daniel de Foë). *Londres* (*Cazin*), 1784, 4 vol. in-18, veau éc. fil. tr. dor. *Carte et figures d'après B. Picart, gravées par Chatelain.*

350. Vie et aventures de Robinson Crusoë, par Daniel de Foë, trad. de Petrus Borel, *Paris, Libr. des Bibliophiles,* 1878, 4 vol. in-12, br. *Portrait et eaux-fortes.*

351. Voyages de Gulliver (trad. de l'abbé Desfontaines). *Paris, de l'impr. de P. Didot l'aîné,* 1797, 4 parties en 2 vol. in-18, mar. rouge, tr. dor. (*Rel. anc.*) *Dix jolies figures de Lefebvre gravées par Masquelier.*

Papier vélin.

352. Les Quatre Voyages du capitaine Lemuel Gulliver, traduit de l'abbé Desfontaines, avec notice par Reynald. *Paris, Lib. des Bibliophiles,* 1875, 4 vol. in-12, br. *Eaux-fortes par Lalauze.*

353. Voyage sentimental en France, de Sterne. *Londres* (*Cazin*), 1784. *Figures.* — La Vie et les opinions de Tristram Shandy, trad. de Sterne par Frénais. *Londres* (*Cazin*), 1784, 4 vol. *Portrait et figures.* Ens. 5 vol. in-18, dos et coins veau fau.

354. Voyage sentimental de Sterne, suivi des lettres d'Yorick à Élisa, trad. nouv. par Crassous. *Paris, P. Didot,* 1801, 3 vol. in-18, mar. bleu, dent. tr. dor.

Six figures de Monsiau avant la lettre.

355. Voyage sentimental en France et en Italie, par Lau-

rence Sterne, traduction par A. Hédouin. *Paris, Lib. des Bibliophiles*, 1875, in-12. br. *Eaux-fortes par Hédouin.*

356. Tom Jones, ou l'Enfant trouvé, imité de Fielding, par M. de La Place. *Londres*, 1801, 4 vol. in-18, mar. rouge, dent. tr. dor. *Papier vélin.* 9 *jolies figures par Borel gravées par Delignon et Delaunay.*

357. Lettres angloises, ou Histoire de miss Clarisse Harlove, par Richardson. *Londres* (*Cazin*), 1784, 11 vol. in-18, veau mar. fil. tr. dor. *Portrait et figures.*

358. Nouvelles Lettres angloises, ou Histoire du chevalier Grandisson (par l'abbé Prévost). *Londres* (*Cazin*), 1786, 7 vol. in-18, mar. rou. fil. tr. dor. (*Rel. anc.*) *Figures de Marillier.*

Ex libris J. Janin.

359. Les Mille et une Nuits, contes arabes traduits par Galland, édition revue et augmentée d'une dissertation, par le baron Silvestre de Sacy. *Paris, Bourdin, s. d.* (1840), 3 vol. gr. in-8. *Figures.*

Première édition.
Bel exemplaire broché avec les couvertures.

360. Les Mille et une Nuits, contes arabes, par Galland, réimprimés avec préface de J. Janin. *Paris, Libr. des Bibliophiles*, 1881, 10 vol. in-12, br. *Eaux-fortes*, *par Ad. Lalauze.*

Exemplaire sur papier de Chine avec épreuves des gravures avant la lettre.

X. — DISSERTATIONS SINGULIÈRES. — FACÉTIES.

361. Dialogues des courtisanes, par Lucien, traduction et notes de J. Pons. *Paris*, *Quantin*, 1881, in-18, br. papier vélin, texte encadré. *Illustrations en couleurs par Scott et Méaulle.*

Exemplaire sur papier du Japon.

362. Recueil de pièces rares et facétieuses anciennes et modernes, en vers et en prose, remises en lumière pour l'esbattement des pantagruélistes. *Paris, Barraud,* 1873, 4 vol. in-8, papier vergé, br. *Figures.*

363. Alphabet de l'imperfection et malice des femmes, reveu, corrigé et augmenté, par Jacques Olivier. *Lyon, Jean Goy,* 1665, in-12, mar. La Vall. tr. dor.

364. Alphabet de l'imperfection et malice des femmes, reveu, corrigé et augmenté d'un friand dessert et de plusieurs histoires pour les courtisans, par Jacques-Olivier. *Paris, Barraud,* 1876, in-8, br. *Vignettes et figures à l'eau-forte.*

Grand papier de Hollande tiré à 300 exemplaires. N° 10.

365. Les Facéties de Pogge, Florentin, traduites en français, avec le texte en regard. *Paris, Liseux,* 1878, 2 vol in-18, papier vergé, br.

366. Le Moyen de parvenir (par Béroalde de Verville). *Londres* (*Cazin*), 1786, 3 vol. in-18, demi-rel. veau fau. tête dor. non rogné. (*Petit*).

367. Le Moyen de parvenir, par Béroalde de Verville. *Paris, Willem,* 1870, 1872, 2 vol. pet. in-8, br. *Vignettes.*

Papier de Chine.

368. Joannis Meursii Elegantiæ latini sermonis, seu Aloisia Sigæa Toletana, de Arcanis Amoris et Veneris (auct. Nic. Chorier). *Londini* (*Cazin*), 1781, 2 vol. in-8, veau éc. fil. tr. dor. *Titres gravés et figures. Bel exemplaire.*

369. Les Triomphes de l'abbaye des conards, avec une notice sur la fête des fous, par Marc de Montifaud. *Paris, Lacroix,* 1877, in-12, papier vergé de Hollande, demi-rel. mar. rou. non rogné.

370. Histoire du Prince Apprius (Priapus), traduction françoise, par messire Esprit (Godard de Beauchamps),

gentilhomme provençal. *Imprimé à Constantinople*, 1728, in-12, dos et coins, mar. brun. (*Cuzin.*)

Annotations manuscrites.

371. Erotika biblion, par Mirabeau. *Paris*, 1801, in-18, mar. rou. jans. tr. dor. (*Thivet*). *Portrait.*

372. Éloge du sein des femmes, par Mercier de Compiègne. *Paris, Barraud*, 1873, in-8, cart. fant. non rog. *Vignettes.*

Papier vélin, tiré à 150 exemplaires.

373. Les Femmes, par Louis Desnoyers. *Bruxelles*, 1846, 3 vol. in-18, chag. gren. tr. dor.

374. Dictionnaire érotique moderne, par un professeur de langue verte (Alfred Delvaux), 2e édition augmentée. *Neuchâtel*, 1874, in-18, cart. non rog. *Titre et frontispice à l'eau-forte sur chine.*

XI. — POLYGRAPHES

375. Les Œuvres de M. François Rabelais, docteur en médecine, augmentées de la vie de l'auteur et de quelques remarques. *S. l.*, 1675 (*Elzevier*), *à la Sphère*, 2 vol. pet. in-12, maroq. bleu, dos ornés, fil. tr. dor. (*Petit*), 128 *millim.*

376. Les Œuvres de François Rabelais. *Genève* (*Cazin*), 1782, 4 vol. in-18, veau mar. fil. tr. dor. *Portrait.*

377. Œuvres de Rabelais. Texte collationné sur les éditions originales avec une vie de l'auteur, des notes et un glossaire. *Paris, Garnier*, 1873, 2 vol. en 40 livr. in-fol. *Illustr. de G. Doré.*

Premier tirage.

378. Les Cinq livres de F. Rabelais, publiés avec des variantes et un glossaire, par Chéron. *Paris, Libr. des Bibliophiles*, 1876, 5 vol. in-12, br. *Eaux-fortes par Boilvin.*

379. Œuvres de Balzac, 6 vol. in-12, mar. rou. jans. tr. dor. (*Thivet*). *Titres gravés.*

Lettres choisies. *Amsterdam, chez les Elzeviers*, 1656. — Aristippe ou de la cour. *Leide, Elzevier*, 1658. — Entretiens de feu M. de Balzac. *Leide, Elzevier*, 1659. — Lettres à M. Conrart. *Amsterdam, chez les Elzeviers*, 1661. — Lettres familières à M. Chapelain. *Amsterdam, Elzevier*, 1661. — Œuvres diverses augmentées de plusieurs pièces nouvelles. *Amsterdam, Elzevier*, 1664.

380. Œuvres de Voltaire. *Londres* (*Cazin*), 11 vol. in-18, veau éc. fil. tr. dor. *Figures.*

Romans et contes, 1781, 3 vol. — Théâtre, 1782, 8 vol.

381. Œuvres de Rousseau. *Londres et Neuchâtel* (*Cazin*), 32 vol. in-18, veau éc. fil. br. dor. *Portr. et figures de Moreau.*

Nouvelle Héloïse, 1781, 7 vol. — Mélanges, 1782, 6 vol. — Pièces diverses, 1782, 4 vol. — Dialogues, 1782, 2 vol. — Contrat social. Considérations sur le gouvernement de Pologne. Origine de l'inégalité, 1782. — Confessions, 1782 et 1790, 10 vol.

382. Œuvres de M. de Fontenelle. *Londres* (*Cazin*), 1784 et 1785, 7 vol. in-18, veau mar. fil. tr. dor. *Portrait et fig.*

383. Œuvres de M. de Montesquieu. *Genève* (*Cazin*), 1777, 4 vol. in-18, mar. rou. fil. tr. dor. *Rel. anc. Portrait.*

384. Œuvres choisies de M. l'abbé de Saint-Réal. *Londres* (*Cazin*), 1783, 4 vol. in-18, veau mar. fil. tr. dor.

HISTOIRE

GÉOGRAPHIE. — HISTOIRE DE FRANCE

385. Géographie universelle de Malte-Brun, refondue par Lavallée. *Paris, Furne,* 1860-1865, 6 vol. gr. in-8, demi-rel. veau fauve. *Figures.*

386. Lettres sur l'Angleterre, par Louis Blanc. *Paris, Lacroix,* 1866, 2 vol. in-8, veau fau. fil. tr. dor. (*Pouget*).

387. Londres, par Louis Énault. *Paris, Hachette,* 1876, in-4, br. *Illustré de 174 gravures sur bois, par G. Doré.*

Exemplaire sur papier de Chine.

388. Voyage en Italie, par J. Janin. *Paris, Bourdin,* 1839, gr. in-8, cart. *Figures.*

389. Cortège historique de la ville de Vienne à l'occasion des noces d'argent de Leurs Majestés François Joseph Ier et Élisabeth, 1879. *Paris, Quantin,* in-fol. dans un portef. percal. orn. sur les plats. 45 *planches et figures dans le texte.*

390. Esquisse d'un voyage dans la Russie méridionale et la Crimée, par Demidoff. *Paris,* 1838, gr. in-8, mar. rou. fil. *Vignettes.*

Exemplaire sur papier de Chine. Envoi de l'auteur à J. Janin, dont l'*ex libris* se trouve sur la garde du volume.

391. Voyage en Sibérie fait par ordre du roi en 1761 par l'abbé Chappe d'Auteroche et Krachenninnikow. *Paris, Debure,* 1768, 2 tomes en 3 vol. in-fol. veau mar. et atlas gr. in-fol. parch. *Figures de Leprince et Moreau.*

Bel exemplaire.

392. Les Chevaux du Sahara, par Daumas. *Paris*, 1853, in-8 br.

---

393. C. Julii Cæsaris quæ extant, cura doctorum virorum emendata. *Lugd. Batavorum, apud Danielem à Gaesbeeck*, 1682, 3 vol. pet. in-12, mar. r. fil. tr. dor. *Rel. anc. Titre gravé, cartes et planches.*

394. Les Disciples d'Eusèbe, par Eudoxie Dupuis. *Paris, Delagrave*, 1882, gr. in-8 br. *Figures par Courboin.*

Un des cinq exemplaires sur carton du Japon (n° 5).

395. Abrégé historique et portatif des principaux rois mérovingiens, par d'Hermilly et Hurtaut. *Paris, Desnos*, 1775, in-18, mar. gren. fil. tr. dor. (*Chambolle-Duru.*) *Jolies figures par Fossier, gravées par Patas.*

396. Histoire des croisades, par Michaud. *Paris, Furne*, 1875, 2 vol. en 25 fascicules in-fol. *Illustr. de G. Doré.*

Premier tirage.

397. Histoire du gentil seigneur de Bayard, composée par le loyal serviteur, édition rapprochée du français moderne par Lorédan Larchey. *Paris, Hachette*, 1882, gr. in-8 en ff. dans un carton. *Portraits figures dans le texte et planches.*

Papier vélin de Cuve tiré à 100 exemplaires (n° 35).

398. Les Chroniques de J. Froissard, avec texte rapproché du français moderne par Mme de Witt, née Guizot. *Paris, Hachette*, 1881, in-4 en ff. dans un carton. *Portraits, vignettes et planches noires et en couleurs.*

Papier vélin de Cuve, tiré à 100 exemplaires (n° 78).

399. Histoire des ducs de Bourgogne de la maison de Valois, 1364-1477, par de Barante. *Paris*, 1854, 12 vol. in-8, demi-rel. chag. vert. *Cartes et figures.*

400. Les Mémoires de messire Philippe de Commines, sieur d'Argenton. *A Leide, chez les Elzeviers*, 1648,

in-12, mar. r. fil. comp. dos orné, tr. dor. (*Lortic.*) *Titre gravé.*

Bel exemplaire. Hauteur : 128 mill.

401. Vie militaire et religieuse au moyen âge et à l'époque de la renaissance, par Paul Lacroix. *Paris, Firmin-Didot,* 1873, gr. in-8 br. *Chromolithographies et nombreuses figures. Première édition.*

402. Mœurs, usages et costumes au moyen âge et à l'époque de la renaissance, par Paul Lacroix. *Paris, Firmin-Didot,* 1871, gr. in-8 br. *Chromolithographies et nombreuses figures. Première édition.*

403. XVIIe siècle. Lettres, sciences et arts. France, 1590-1700, par Paul Lacroix. *Paris, Firmin-Didot,* 1882, in-4 br. *Chromolithographies et figures dans le texte.*

Grand papier.

404. XVIIe siècle. Institutions, usages et costumes. France, 1590-1700, par Paul Lacroix. *Paris, Firmin-Didot,* 1880, in-4 br. *Figures noires et en couleurs.*

Grand papier.

405. XVIIIe siècle. Lettres, sciences et arts. France, 1700-1789, par Paul Lacroix. *Paris, Firmin-Didot,* 1878, in-4 br. *Chromolithographies et nombreuses figures.*

Grand papier.

406. XVIIIe siècle. Institutions, usages et costumes. France, 1700-1789, par Paul Lacroix. *Paris, Firmin-Didot,* 1875, in-4 br. *Figures noires et en couleurs.*

Grand papier.

407. Histoire du roy Henry le Grand, composée par Hardouin de Péréfixe. *Amsterdam, L. et D. Elzevier,* 1661, in-12, veau fauve, fil. tr. dor. *Titre gravé.*

408. Satyre Menippée de la vertu du catholicon d'Espagne et de la tenue des Estats de Paris avec des remarques (par P. du Puy.) *A Ratisbonne, chez Mathias Kerner*

(*Bruxelles, Fr. Foppens*), 1664, pet. in-12, mar. r. fil. tr. dor. (*Mennil*).

Bel exemplaire de la deuxième édition sous cette date, avec les figures des deux charlatans et de la procession.

409. Œuvres de Brantôme. *La Haye*, 1740, 15 vol. in-18, veau mar. *Figures et portr.*

410. Les Sept Discours touchant les dames galantes du sieur de Brantôme, publiés par H. Bouchot. *Paris, Libr. des Bibliophiles*, 1882, 3 vol. in-12 br. *Dessins d'Ed. de Beaumont, gravés par Boilvin.*

Papier de Chine. Eaux-fortes avant la lettre.

411. Amours des dames illustres de France sous le règne de Louis XIV (par Bussy-Rabutin.) *Cologne, P. Marteau, s. d.* (vers 1730), 2 vol. in-12, veau fauve. *Front. et figures.*

412. Les Galanteries des rois de France (par Sauval). *Cologne, P. Marteau, s. d.*, 3 vol. in-18, veau mar. *Titres gravés, front. et figures de B. Picart.*

413. Racine et la Voisin, par Marc de Montifaud. *Paris*, 1878, in-12, demi-rel. mar. r. non rog. *Portrait.*

Tiré à 100 exemplaires sur papier de Hollande.

414. Mémoires du comte de Maurepas, ministre de la marine. *Paris, Buisson*, 1792, 4 tomes en 2 vol. in-8, veau mar. *Onze caricatures.*

415. Le Comte de Clermont, sa cour et ses maîtresses, par Jules Cousin, 2 vol. — Le Comte de Clermont et sa cour, étude historique et critique, par Sainte-Beuve, 1 vol. *Paris, Académie des bibliophiles*, 1867-1868, 3 vol. in-8, br. *Portrait, figures et fac-simile.*

Exemplaire sur papier fort de Hollande.

416. Madame de Pompadour, général d'armée, par H. Bonhomme. *Paris, Charavay*, 1880, pet. in-12, papier de Hollande, br. *Eau-forte.*

417. La Cheminée de Mme de la Poupelinière, par E. Cam-

pardon. *Paris, Charavay,* 1880, pet. in-12, br. papier de Hollande. *Eau-forte.*

418. Mémoires du duc de Lauzun (1747-1783), 2ᵉ édition. Préface et notes par Louis Lacour. *Paris, Poulet-Malassis,* 1858, in-12, demi-rel. mar. r. non rogné.

419. Annales du règne de Marie-Thérèse, impératrice douairière, reine de Hongrie, archiduchesse d'Autriche, par Fromageot. *Paris, Prault,* 1775, in-8, mar. bleu. *Portraits et jolies figures de Moreau.*

420. Almanach historique de la Révolution françoise pour l'année 1792, rédigé par Rabaut. *Paris, Onfroy, de l'imprimerie de Didot l'aîné,* in-12, mar. r. fil. tr. dor. (*Chambolle-Duru*).

Papier vélin. Figures de Moreau avant la lettre.

421. Le Palais-Royal, ou Mémoires secrets de la duchesse d'Orléans, mère de Philippe, par M. D. F*** (par Mᵐᵉ Guénard, baronne de Méré). *Hambourg et Paris,* 1806, 2 tom. en 1 vol. in-12, mar. bleu, tr. dor. (*Hardy*). *Figures.*

422. Histoire d'un crime, par Victor Hugo. *Paris, Lévy,* 1877-1878, 2 vol. in-8, d.-rel. chag. gren. non rognés. *Première édition.*

423. Les Brigands et Bandits célèbres, par Maurice Alhoy. *Paris,* 1858, gr. in-8, br. *Figures de Nanteuil, Marckl, de Beaumont,* etc.

---

424. Traicté de la forme et devis comme on faict les tournois, par Olivier de la Marche, Hardouin de La Jaille, Antoine de La Sale, etc., mis en ordre par B. Prost. *Paris, Barraud,* 1878, in-8, broché. 16 *planches coloriées.*

Tiré à 260 exemplaires.

425. Musée des Archives départementales. Recueil de

fac-similés héliographiques, de documents tirés des archives des préfectures, mairies et hospices. *Paris, Imp. nat.,* 1878, in-4 de texte et in-fol. de planches, cart. toile, non rognés.

426. Guide de l'amateur de livres à figures et à vignettes du XVIIIe siècle, par Henry Cohen. Troisième édition augmentée par Ch. Mehl. *Paris, Rouquette,* 1876, gr. in-8, papier vergé, d.-rel. mar. rou. tête dor. non rog.

427. Les Romantiques, par Marc de Montifaud. *Paris,* 1878, in-12, d.-rel. mar. rou. non rog. *Portraits.*

Un des cent exemplaires sur grand papier de Hollande.

428. Dictionnaire des pseudonymes, recueillis par Georges d'Heilly. *Paris, Dentu,* 1869, in-12, dos et coins cuir de Russie, fil. tête dor. non rog.

429. Gazette anecdotique, littéraire, artistique et bibliographique publiée par G. d'Heilly. *Paris, Libr. des Bibliophiles,* 1876-1879, 4 années en livr. in-12.

430. Codes français et lois usuelles, par Rivière, Faustin Hélie et Paul Pont. *Paris, Marescq,* 1876, fort vol. gr. in-8, d.-rel. chag. noir.

TABLE DES DIVISIONS

Nos

Sciences et Arts 1

Beaux-Arts 5

Gravures. — Suites de Vignettes 41

Dessins 66

Poètes grecs et latins 84

Poètes français et étrangers 95

Poèmes 143

Chansons 176

Fables 188

Contes en vers 198

Théâtre 211

Romans français 230

Romans étrangers 334

Dissertations singulières. — Facéties 361

Polygraphes 375

Géographie. — Histoire de France 385

Paris. — Typ. G. Chamerot, 19, rue des Saints-Pères. — 14099.

www.ingramcontent.com/pod-product-compliance
Ingram Content Group UK Ltd.
Pitfield, Milton Keynes, MK11 3LW, UK
UKHW020437180726
13839UKWH00004B/1537

9 782329 609881